研究叢書66

地域史研究の今日的課題

中央大学人文科学研究所 編

中央大学出版部

まえがき

本書は、松尾正人を責任者として二〇〇八～二〇一二年度（第一期）、二〇一三～二〇一七年度（第二期）に実施した共同研究（研究チーム名「地域史研究の今日的課題」）の成果である。第一期の研究目的は「地域史研究とりわけ多摩地域における近世・近代史研究を進め、新たな今日的課題の分析とその多面的考察を行う。日本史学にとどまらず、東洋史・西洋史・国文学・社会学・教育学・政治学の視点から地域研究の現状と今後の方向を議論し、研究交流を重ねる」というもので、実際には次の通り研究会を実施した。

二〇〇八年度

①　二〇〇八年五月三〇日（金）
村上　直（法政大学名誉教授）「地域史研究の現状と課題　――多摩近世史を中心に――」

②　二〇〇八年一〇月四日（土）
新井　勝紘（専修大学教授）「近代の地域史を考える　――私の体験から――」

③　二〇〇八年一二月二〇日（土）
岩橋　清美（客員研究員）「武州御嶽山をめぐる歴史意識の展開」
松崎　稔（客員研究員）「自由民権運動から見る『三多摩』という地域意識」

二〇〇九年度

④ 二〇〇九年七月四日（土）

竹内　誠（江戸東京博物館館長、東京学芸大学名誉教授）「歴史研究における『地域』」

松尾　正人（研究員）「八王子市の市史編さん事業――市史編さんの基本構想――」

⑤ 二〇〇九年一〇月二三日（金）

田村　貞雄（静岡大学名誉教授）「『ええじゃないか』の史料探訪」

⑥ 二〇一〇年二月二七日（土）

桜井　昭男（客員研究員）「犬預け政策をめぐる問題について」

亀尾　美香（客員研究員）「多摩地域の農村における女中奉公――荻島家の娘まさを一例として――」

二〇一〇年度

⑦ 二〇一〇年七月一〇日（土）

北原　進（立正大学名誉教授）「多摩の史料調査と地域研究」

⑧ 二〇一〇年一二月四日（土）

高橋　敏（国立歴史民俗博物館名誉教授）「幕末維新と博徒の世界」

松尾　正人（研究員）「八王子市史編さん事業の編集委員会」

⑨ 二〇一一年三月五日（土）

牛米　努（客員研究員）「幕末維新期の多摩の助郷について」

伊藤　暢直（客員研究員）「文化財保存と地域史研究」

二〇一一年度

⑩　二〇一一年七月一六日（土）
森　安彦（国文学研究資料館名誉教授・中央大学元教授）「旗本の家来を兼務した幕領の役人　――武州多摩郡境村年寄役喜七の事例――」
⑪　二〇一一年一二月三日（土）
安在　邦夫（早稲田大学名誉教授）「福島自由民権大学　――地域史研究の現在と展望――」
⑫　二〇一二年三月一六日（金）
藤田　英昭（客員研究員）「多摩の草莽　――小仏関所番出身の志士たち――」
松尾　正人（研究員）「多摩地域の自治体史編纂」

二〇一二年度

⑬　二〇一二年七月一四日（土）
高木　俊輔（国文学研究資料館名誉教授）「農民日記に見る村落生活史」
⑭　二〇一二年一一月二四日（土）
曽根　總雄（東海大学特任教授）「史（資）料との対峙　――永禄十年、織田信長の樂市令の再検討――」
⑮　二〇一三年三月一六日（土）
武山　眞行（研究員）「雑談：聖蹟記念館『田中光顕文書』をめぐって」
松尾　正人（研究員）「多摩地域研究の歩み　――中央大学の多摩移転――」

以上のように多くの研究会を重ねることができた。第一期の成果の一部は、松尾正人編『多摩の近世・近代史』（中央大学出版部、二〇一二年）にも結実している。この本は直接的には中央大学文学部のプロジェクト科目

「多摩の近世・近代史」の講義内容を反映する形で作られているが、執筆者は当チームのメンバーで、第一期で発表した内容を多く含んでいる。

第二期の研究目的は「第一期に引き続き、地域史研究をテーマとし、新たな課題を取り上げ、具体的な研究を重ねていきたい。特に中央大学に身近な多摩地域に視点をあて、これまでの通史的記述で見逃されてきた問題、史料が欠落したことから十分な考察が行われてこなかった課題の克服を進めたい。歴史研究に新たな切り口を創造するとともに、歴史のみならず、社会・教育・文学などの分野で地域の問題に取り組んできた関係者の英知を集め、幅広い議論と積極的な分析を通じて地域史研究の前進をはかりたい」というもので、実際には次の通り研究会を実施した。

二〇一三年度

⑯ 二〇一三年一二月一四日（土）

白川部　達夫（東洋大学教授）「近世質地請戻し慣行と東アジア社会」

⑰ 二〇一四年二月八日（土）

梅田　定宏（多摩大学附属中学高等学校教諭）「『改良進歩』と地方政治」

二〇一四年度

⑱ 二〇一四年一二月二〇日（土）

高木　不二（大妻女子短期大学名誉教授）「幕末維新期のアメリカ留学――横井左平太を中心に――」

二〇一五年度

⑲ 二〇一五年七月二五日（土）

森　正明（研究員）「スポーツと祭り」

滝島　功（地方史研究協議会）「地租改正事務局の活動」

⑳二〇一五年一一月二八日（土）

水野　保（中央大学文学部兼任講師）「東京都公文書館の史料と私」

二〇一六年度

㉑二〇一六年七月一六日（土）

落合　功（客員研究員）「大久保利通の『民』について」

㉒二〇一七年三月二四日（金）

宮間　純一（客員研究員）「明治維新の記憶と記録——秋田藩の戊申内乱——」

第二期は、第一期に引き続き多摩の地域史を掘り下げると同時に、それ以外の地域についての報告も積極的に行われた。

本書は、以上の研究発表を踏まえて編まれた。本書によって、「地域史研究の今日的課題」に関する議論が今後一層深まることを期待したい。

研究会チーム「地域史研究の今日的課題」

責任者　松　尾　正　人

目　次

まえがき……………………………………松尾正人……i
第一章　庭場と寺社……………………………………桜井昭男……1
はじめに　1
一　小川村の庭場　3
二　「社木一件」をめぐる庭場と寺社の動向　6
おわりに　15
第二章　二ケ領用水の展開と水争い……………………落合　功……19
——溝の口水騒動を素材として——
はじめに　19
一　二ケ領用水の展開　20
二　溝の口水騒動の展開　28
三　溝の口水騒動のその後　35

おわりに　38

第三章　信濃国中之条代官所陣屋元の寺子屋幸民堂……山崎　圭……45
はじめに　45
一　幸民堂の概要　47
二　幸民堂における学問・教育　54
三　書状を通じた交流　60
おわりに　68

第四章　青山久保町に見る江戸青物市場の特質……岩橋清美……75
はじめに　75
一　青山久保町の概況　77
二　天保八年の争論に見る青物問屋と村方の対立　83
三　明治三年の争論に見る元問屋と前栽物渡世・百姓の対立　88
おわりに　94

第五章　戊辰内乱の記録……………………………………………………宮　間　純　一……99
――「大館の戦い」における軍功記録の分析――
はじめに　99
一　大館給人中田家と中田家文書　101
二　中田太郎蔵「争戦始末取調書」にみる軍功記録の性格　105
三　軍功記録の編纂　109
四　軍功記録の利用　114
おわりに　116

第六章　武蔵国多摩郡連光寺本村の橋梁……………………清　水　裕　介……123
――「行幸橋」の誕生と意義――
はじめに　123
一　近世連光寺村の橋　125
二　明治初期の連光寺村と橋　136
三　行幸橋の誕生　140
おわりに　147

第七章　自由民権運動からみる「三多摩」という地域認識……松崎稔……153
はじめに　153
一　初期の自由民権運動と地域認識　155
二　自由党傘下で再編される地域認識　161
三　自由党解党から国会開設へ　164
四　三多摩移管と地域認識　167
おわりに　169
あとがき……山崎圭……175

第一章　庭場と寺社

桜井昭男

はじめに

庭場の問題については、この語に「ニワバ」という表記があてられることが多いことをみても、これまでもっぱら民俗学的な立場からの検討が中心であった。『日本民俗大辞典』では「ニワバ」について、「神奈川県内、東京都西多摩郡などに見られる互助共同のための近隣組織。ニワ、ニワグミなどともいう。現在では伝承が薄れていてその本質をとらえることは難しい。近隣組や、いくつかの近隣組からなる村落内部区分として報告されている場合が多いが、系譜に基づく家集団という事例もある。村落内区分の場合は、ニワバごとに地神講・代参講など信仰的講組、村役員の選出、道普請のような村仕事などが行われる」と解説している。(1) 一方、史料を踏まえた歴史学的な立場からのものとしては、滝沢博氏の先駆的な研究(2)があり、そこでは庭場を「それぞれの自然村落に存在し機能していた」もので、その範囲は「おおむね小名の範域」と定義し、その機能を①屋根普請②講③雨乞い④無尽⑤道橋普請⑥病気⑦祝儀⑧葬礼⑨火事⑩入会山⑪祭のつきあい、の一一項目に大きくま

とめられた。また、庭場の村における位置づけを、

村―庭場（村組）―五人組

という系列でみるべきことも主張された。

筆者も、この滝沢氏の成果を踏まえて、おもに秋川・多摩川合流地域の村々を対象として、庭場を近世村落の問題として位置づけるべく検討をおこなってきた。(3) 筆者がこれまで取り上げてきた庭場は、註（3）のａ論文では小川村（東京都あきる野市）、ｂ論文では熊川村・福生村（以上東京都福生市）、大久野村・平井村（以上東京都西多摩郡日の出町）、伊奈村（東京都あきる野市）の各村である。これらの村々の庭場を検討した結果、庭場と村（近世村落）・組の関係は、村によって年貢の納入など行政的な機能を持つ村組と庭場が一致する場合もあれば、一方でそれぞれが別の組織として存在する場合もあったことを明らかにした。すなわち、村における庭場のあり方は決して一様なものではなく、村ごとにさまざまな様相を呈していたことが確認されたのである。そして、それを踏まえて村と庭場の関係に対する視点も、滝沢氏が指摘したような単線的な系列で把握するのではなく、

村―┬行政的組（年貢組・五人組など）┬―村人
　　│　　　　≒　　　　　　　　　　│
　　└共同体的組（庭場など）―――――┘

という複線的・相互的な構造として理解すべきことを指摘した。このように、庭場は領主支配の対象としての近世村落に明確に位置づいている存在だったのである。

ところで、本来村の共同体的な組織である庭場は、多くの場合それぞれの地神（鎮守）を奉祭していた。(4) それ

は、まさに庭場の共同性の象徴として存在しており、庭場はこのようなそれぞれの神社に対する信仰集団という側面も持っていたのである。そして、それぞれの庭場の鎮守には、神仏習合時代の常として、その神社を管理する別当寺が存在していた。本稿では、以上のような庭場に関する研究史を踏まえ、今回とくに庭場と寺社の関係を検討の中心に据えることによって、共同体的性格を持つものとしての庭場と、領主の村切り政策によって行政的に設定された江戸時代の村との関係を明らかにするとともに、江戸時代の村における寺社の位置づけについても触れてみたいと思っている。

なお、本稿で検討の対象とするのは、武蔵国多摩郡小川村（東京都あきる野市）の庭場である。

一　小川村の庭場

武蔵国多摩郡小川村は、ちょうど多摩川と秋川が合流する地点に位置した村である。はやく中世には「小河郷」などとあり、古くから開発された村であることが知られる。村高は、寛政一一年（一七九九）の「村方様子明細書上帳控」(5)では五〇一石九斗五升七合七勺八才で、江戸時代初めは幕府領と旗本青木氏知行地の二給、その後享保六年（一七二一）までに幕府領が旗本水谷氏の知行地に変わっている。それぞれの知行高は青木氏知行地が二七石、水谷氏知行地が四四五石八斗九升九合で、このほか朱印地として法林寺領二五石があった。また、村にある寺院としては法林寺のほか慈眼寺・林泉寺があり、神社には熊野社が二社と八幡社の合計三つの神社があった。『新編武蔵風土記稿』によれば、八幡社が小川村の鎮守となっている。

江戸時代初頭、小川村の幕府領には二人の名主がいたことが確認される。旗本青木氏の知行地の名主については明らかにすることはできないが、その知行高がわずか二七石であることや、青木氏知行地の百姓が三人しかいなかったことなどを考えると、青木氏知行地の行政運営については、幕府領の村役人が兼帯していたことも考えられる。そしてこの二人の名主は、ともに村内の村組を取り仕切る存在であった。すなわち、小川村には二人の名主をそれぞれリーダーとする二つの村組が存在していたのである。元禄一五年（一七〇二）段階では、次郎左衛門と四郎兵衛という二人の名主がそれぞれの組を率いていたが、その後名主の代が替わると組の名もその時の名主の名を冠して「甚右衛門組」「治部右衛門組」、「勘兵衛組」「儀左衛門組」と変化していった。

これらの組は、「諸事御公用」や「村中惣百姓掟」に関して、お互いの相談をもって事にあたるとともに[6]、それぞれが年貢収納の単位として機能したことが確認される[7]。すなわち、年貢はそれぞれの組ごとに集めた上で、両名主立ち会いのもと村で管理する蔵に納めるというシステムをとっていたのである。このように、この二つの組は幕府領の年貢納入に深く関わっていたため[8]、同じ小川村でも青木氏知行地の百姓三人はこれらの組には所属していなかった[9]。また小川村では、検地帳や名寄帳、絵図など村の公的な帳簿類について、それまで二人の名主で管理してきたものを、寛延二年（一七四九）以降錠付きの箱に入れて保管することとし、箱の錠は休役の名主が管理するという体制をつくっていた[10]。その後、前述した（註（8）参照）ように寛保三年に年貢目録が各組ごとにつくられるようになり、六年後の寛延二年には村方書類の管理に新たな体制を導入するなど、小川村にあってはこの時期に村の運営体制に大きな変革がもたらされたことが見て取れる。

ところで、小川村には年貢の納入などおもに「御公用」や「村中惣百姓掟」に関わる二つの村組のほかに、庭場と呼ばれる村組が存在していた。そしてこの庭場は、小川村のこのような運営体制の変革の動きに大きく関わっていたのである。

村祈祷祭礼之儀御尋ニ付申上候[11]

一惣名小川村之一村之内ヲ西庭場・東庭場・久保庭場と三組ニ致置申候、氷祭り壱ヶ年ニ春一度右庭場ニ而、

三ヶ年格番ニ世話仕候、西庭場之節は林泉寺、東庭場之節は法林泉寺《ママ》、久保庭場之節は慈眼寺、此節二宮村玉泉寺、小川村法林寺・宝清寺・慈眼寺・林泉寺五ヶ寺御立会ニ而、年々春一度御祈祷御座候

（後略）

卯三月廿八日　　義左衛門

太郎右衛門

九郎右衛門

この史料によれば、小川村には「西庭場」「東庭場」「久保庭場」の三つの庭場があり、毎年春におこなわれる氷（雹）祭を隔年で主催していたことが知られ、また同じ史料中に、

一秋一度ハ風祭りと申シテ、二宮村玉泉寺支配之小川村之氏神熊野権現御神前之庭ニ而、村内法林寺・宝清寺・慈眼寺・林泉寺四ヶ寺御立合ニテ御祈祷有之神酒ヲ献、西庭場・東庭場・久保庭場一同ニ立合神酒載申候

右一ヶ年ニ両度、三つ之庭場一統ニ三日遊ヲ仕、壱軒ニ付拾六銅つゝヲ仕、右神酒諸入用ニ仕来候

とあり、毎年秋には風祭を、また年に二度の「三日遊」を三庭場合同でおこなっていたこともわかる。

このうち西庭場と東庭場は一括して「小川」と呼ばれていたようである。そして、西庭場と東庭場（「小川」[12]）は、名主（森田）儀左衛門家の隣に鎮座する熊野神社を、久保庭場はやはり小川村の名主である（堀部）勘兵衛家の隣に鎮座する熊野神社を、それぞれの庭場の鎮守として奉祭していた。ここに出てくる二人の名主は、ともに年貢収納など「御公用」を勤める組の代表であったが、このように庭場の鎮守が鎮座している場所だけをとって見ても、彼らが「小川」庭場と久保庭場というそれぞれの庭場の取りまとめ役として存在していたことが理解できる。すなわち小川村の名主は、行政的な組と共同体的な庭場の双方の代表となることによって、小川村とい

う近世村落を運営していたのである。[13]

次に、これらの組と庭場の家数について見ておく。寛政一一年（一七九九）時点の小川村の家数八九軒[14]のうち、儀左衛門組が三六軒で、勘兵衛組が五三軒であった。しかし、庭場の家数で見ると、明和八年（一七七一）段階での全家数九〇軒[15]のうち、儀左衛門率いる「小川」庭場の家数は六〇軒、勘兵衛率いる久保庭場は三〇軒であった。すなわち、村の共同体的な組織としての庭場と「御公用」を勤めるものとしてのそれぞれ二つずつの組は、（森田）儀左衛門家と（堀部）勘兵衛家という家がそれぞれ中心となっていたものの、その家数は同じではなかったわけである。ということは、小川村には儀左衛門組に属する久保庭場の人間がいたとともに、勘兵衛組に属する「小川」庭場の人間もいたということになる。こういった組と庭場の錯綜性が、次節で述べるような大きな問題を引き起こす原因となる。

ちなみに、（森田）儀左衛門家は小川熊野神社の惣代を、（堀部）勘兵衛家は久保熊野神社の惣代をそれぞれ代々勤めていた。さらに、ここで注目されることは、西庭場には林泉寺、東庭場には法林寺、久保庭場には慈眼寺といったように、庭場と寺院が一対一の関係でつながっていたということである。前掲の史料に出てくる寺院としては、それぞれの庭場と関係の深かった林泉寺・法林寺・慈眼寺の三寺の他に、二ノ宮村の玉泉寺と小川村の宝清寺があるが、玉泉寺については、後述するように小川熊野神社の別当寺としての資格で、氷祭などの祭礼に関わっていたのであり、また宝清寺は小川村の地頭である旗本水谷氏の祈願寺という由緒を持っていた。

二 「社木一件」をめぐる庭場と寺社の動向

明和七年（一七七〇）は旱魃の年で、秋に入って小川熊野神社の境内に生えている杉が枯れてしまい、また社殿も破損してしまったため、小川村の村人たちは相談の上でこの枯れてしまった杉を売り払うことを決める。しかし、小川熊野神社の別当寺であった隣村二ノ宮村の玉泉寺が、自分たちに何の相談もなく境内の枯木を売り払ってしまったことは問題であるとし、このことを小川村の地頭である水谷氏に訴え出たのである。(16)次の史料は、宛先が欠けているが、その際に玉泉寺側が地頭に提出した訴状(17)である。

口上書を以申上候

御知行所之内多摩郡小川村惣鎮守熊野権現之儀ハ、古来より拙寺別当職ニ而、年来修復・遷宮等有之節は棟札相納、鍵等迄も所持仕支配仕来申候、然所此度右小川村氏子中之内名主儀左衛門・勘兵衛・組頭太郎右衛門・又兵衛・源右衛門・平次右衛門・九郎右衛門右七人之者共、右社地ニ而五尺廻り以下之杉木数弐百本余も拙寺方江無沙汰ニ而伐散シ申候間、早速使僧を以申遣候は、社地之木伐散候儀如何様之訳ニ而此方江無沙汰ニ而理不尽ニ伐散候哉と相尋遣候処、右之者共より相答候は、此度宮修復仕候間伐申候段相答候、左候而ハ拙寺支配之宮ニ御座候得は、別当職も難相立、殊更先年従御公儀分限改有之候節、拙寺別当ニ而支配之儀も具ニ帳面相認東叡山表迄書上申候処、右之者共任我意理不尽伐散候段難心得、其分差置候而ハ東叡山表江も対難相立候、勿論右熊野権現御□免も有之候由相見江申候得ハ、是木之儀も右之者共取計置候様被存候間、旁以打捨置候而ハ拙寺難相立、殊ニ御支配之儀故無拠願上候間、右之者共御呼出何分御吟味被成下候様奉願候、以上

（明和七年）
□十月廿一日

武州多摩郡二ノ宮村
玉泉寺弟子
容観印

これに対して小川村の人々は、小川熊野神社は村持ちの神社であり、玉泉寺には「切りはき」だけを頼んでい

たとし、玉泉寺が小川熊野神社の別当寺であることを否定する。ここで「切りはき」の意味するところは明らかではないが、おそらく神事や祈祷に関するおこないを示すものと考えられる[18]。しかし、玉泉寺の反論を受け、結局小川村の人々は玉泉寺が小川熊野神社の別当寺であることを認め、明和八年二月に以下の四点の内済条件を確認したのである[19]。

① 小川熊野神社の社木の伐り取りおよび売り払いについては、今後氏子と玉泉寺がともに立ち会った上で実施し、社殿を造営・修復すること。その仕様帳は氏子側と玉泉寺側の双方で一冊ずつ所持しておくこと。

② 毎年九月の小川熊野神社の祭礼で捧げる灯明や神酒は、今後も従来通り儀左衛門方で受け持つこと。

③ 毎年五月と九月の夏・秋二回、小川村の人々は玉泉寺に初穂を奉納し、玉泉寺からは祈祷札を配布すること。

④ 今後、社木を私用のために伐り取ることを禁止し、枯れ木が出た場合は双方で相談して売り払うこと、また売り物にならない木については玉泉寺に渡すこと。

この内済によって、小川熊野神社の社木伐り取りをめぐる一件は無事落着したかに見えたが、しかしことはそう簡単には運ばなかった。「小川」庭場と玉泉寺との関係においてみれば、「小川」庭場の人々は小川熊野神社の氏子という立場からして、小川熊野神社の別当寺である玉泉寺との内済内容については取り立てて問題は存在しなかったが、ここで小川熊野神社の「氏子」という定義が問題となってきた。というのは、「小川」庭場が小川熊野神社の氏子であることに異存はないが、一方久保庭場は久保熊野神社の氏子であり、久保熊野神社の別当寺は小川村から秋川をはさんだ隣村高月村（八王子市）にある円通寺であるため、玉泉寺から祈祷札を受けるといった内済条件をのむことはできないということになったのである。このあたりの事情は、次の史料[20]によってうかがうことができる。

一札之事

一小川熊野権現於社地ニ、去寅秋中杉枯木伐候儀及出入候所、近村々御方々様・法林寺和尚様御取扱ニ而相済、私共忝仕合ニ奉存候、右済口ヶ証之中ニ、小川熊野権現御別当江氏子より夏秋作初穂ヲ上、御別当よりも御札御配被成候儀ニ付、久保之儀ハ別ニ熊野権現久保庭場氏神ニて、御鎮座之御事ニ御座候間、古来之通相守申候、切はき高月村円通寺ニて被致候間、各作初穂も不上御札不残受納候

（省略）

右之通り私共得心ニ付、印形仕候所仍而如件

明和八年卯二月

万右衛門
吉五郎
庄兵衛
浅右衛門
与之助
与市
平右衛門
半平
善治郎
平八後家
五左衛門
市郎兵衛

権八
半助
源右衛門

勘兵衛殿

そして、この史料に連印している一五人と、久保庭場の統率者で小川村の名主でもある勘兵衛の一六人は、玉泉寺との内済証文に印形することを拒否するという行動に出、さらに玉泉寺との対立を深めていくことになる。すなわち翌明和九年、小川村全体で毎年おこなっている氷祭に際して、久保庭場の一六人の者たちは神酒代の五〇文だけを出して、祭礼そのものには出席しなかったのである。小川村で行われていた氷祭は、毎年三つの庭場が交替で主催するもので、東庭場が順番のときは法林寺が、西庭場が順番の時は林泉寺が、久保庭場が順番の時は慈眼寺がそれぞれ祈祷をすることになっており、また導師を玉泉寺が勤め、小川村にもう一軒ある宝清寺もこれに加わることになっていた。また、祭礼の費用はその年の担当庭場が各庭場をまわって一軒につき一六文ずつを集金[21]することになっていたが、久保庭場の一六人は、明和九年の当番である東庭場の者が神酒代を集金に来る前に、自分たちだけで五〇文を集めて奉納したのである。これは、祭礼の場に神酒代を出さないわけにはいかないという理由によるものであったが、このことは久保庭場の者たちが、小川村の一員としての自覚を強く持っていたことを示している。それでもなお、村一統でおこなう氷祭に参加しなかったのは、そこに玉泉寺という存在があったからであった。しかし、村の「仕来り」では、氷祭の神酒代は当番の庭場が集金して廻るということになっており、久保庭場の一六人の行動は、この村の「仕来り」を破るものであったため、一六人が出した神酒代五〇文はいったん返却され、さらにこの件が地頭の水谷氏に訴えられることになったのである。

社木一件之覚[22]

卯二月十五日ニ、万右衛門・善次郎を以太郎右衛門、平次右衛門方江申来候者、社木一件ニ付久保拾六軒之者ハ立合無用有之ニ付、村方へハ申分無御座候へ共、氷祭りへ玉泉寺様御出被遊候ニ付立合難成、依之神酒代五拾銅差出候と申彦右衛門・太郎右衛門預り、相談之上御屋敷様へ義助を以十六日御訴申上候、万右衛門方へも太郎右衛門・平次右衛門を以被仰付次第迄右五拾銅預り置候と断申置候、御屋敷様より被仰渡候ハ、玉泉寺と相談之上又候訴候様と被仰、十八日之夜義左衛門組添玉泉寺へ参候、右之趣噺致、又々十九日新蔵を以御訴申上候、尤十九日ニ太郎右衛門・平次右衛門、万右衛門へ神酒代五拾銅相返シ申候

一立合平次右衛門廿三日御屋敷様御召ニ而、勘兵衛・善次郎・浅右衛門御召ニ付、書付上ヶ、其写被遣、廿五日帰り二ノ宮玉泉寺へ源右衛門・太郎右衛門・平次右衛門遣、承事相認メ廿七日ニ書付飛脚新八遣晦日帰ル、又帰（晦）日ニ新七遣二日帰ル、二ノ宮より朔日ニ恐悦飛脚遣ス

一二月廿六日ニ書付持参、新八飛脚ニ遣候所御留被成、廿九日ニ大火、新八晦日ニ御返事不取帰ル、晦日ニ利七火事見舞、三ヶ村ニ飛脚ヲ遣候所、一日逗留被仰付二日ニ帰ル、勘兵衛江御召状利七持参、利七勘兵衛方へ直ニ持参、勘兵衛・吉五郎・庄兵衛四日ニ出府、此□組頭源右衛門差添参ル、七日之夜右四人帰り、私方へ御状源右衛門持参之由、見せ迄七日之夜ニ入遣ス、尤甚大夫様より御状、拾六人より差出候書付写被遣候、勿論氷祭先例之通出銭世話人江差出、仕来之通りニ被仰付候

この史料に出てくる万右衛門と善次郎、および勘兵衛・浅右衛門らは久保庭場の一六人のうちの者である。これに対して地頭所側では、氷祭の神酒代は担当庭場の世話人に差し出すこと、すなわち村の「仕来り」を尊重するようにとの結論を出した。

一方、久保庭場の一六人(23)は、

往古より久保は本名之所、何之頃より歟小川と唱来、終に当寺は小川を本名ニ申習候、鎮守之儀も古来より

茂七屋敷ニはらまれ有之熊野権現ニ候所、是以何之頃歟小川に別而鎮座有之（省略）

と、久保が小川村のもともとの「本名」であり、鎮守も久保熊野神社だけであったのが、いつのころからか小川が中心になり、熊野神社も小川に勧請されたと主張する。この久保の主張がどれだけの正当性を持ち得ていたのか定かではないが、久保側は久保が小川村のもともとの「本名」であるという論理を持ち出してまで、玉泉寺が立ち会う祭礼のありかたを拒否しようとしたのである。

これに対して玉泉寺のほうは、次のように久保庭場と「小川」庭場を含めた小川村の九〇軒すべてが小川熊野神社の氏子であるという立場から、久保庭場一六人の行動を批判する。

口上之覚(24)

一御知行所小川村熊野権現社木之儀、拙寺方へ無沙汰ニ伐り候ニ付、右之段小川村へ相断、其上当御屋敷様へ書付を以御願申上、既ニ出入ニも可致之所、隣寺・近村名主共取扱、勿論寺院方ニも内異見有之、内済之積り対談仕、右之済口証文披見致候所、小川惣村中家数九十軒程御座候、古来より拙寺支配之宮熊野権現氏子ニ御座候間、先年より村中一統ニ祈祷之札相請候所ニ、此度済口之辺ニ十六軒抜ヶ印形不仕、取訳拙寺方ニ而相知不申候、此儀何卒小川村名主勘兵衛并ニ拾五軒之者共被召出、御尋之上古来之通小川村一統ニ相成候様偏ニ奉願上候、以上

武州二ノ宮村
玉泉寺
使僧

水谷信濃守様
御役人中様

玉泉寺が指摘している「小川村熊野権現」とは、小川村に二社ある熊野神社のうち「小川」に鎮座している熊野神社を指しており、この小川熊野神社が小川村の「惣鎮守」[25]なのであるから、久保庭場も含めた小川村の九〇軒すべてが小川熊野神社の氏子であり、その小川熊野神社の別当寺である玉泉寺に初穂を奉納し、玉泉寺から御札を受けるの当然のことというのが、玉泉寺の主張であった。この玉泉寺の言い分に対して、久保庭場側は先に示したように、もともとは久保庭場が「本名」であるという立場を主張したのである。

このように、小川熊野神社の社木伐り取り問題が玉泉寺と久保庭場一六人の対立へと発展していったのである。ところで久保庭場を構成する家数は、先述したように三〇軒であった。すなわち、ここで玉泉寺と対立していたのは、三〇軒の久保庭場のうちのおよそ半分だけであった。ということは、同じ久保庭場に属していた者でも、玉泉寺の支配を受け入れる人々がいたことになる。このことは一体何を示しているのであろうか。実はこの背景として、共同体的なまとまりとしての庭場と、行政的な村組の錯綜の問題があった。

もう一度確認しておくと、「御公用」などを勤めるものとしての儀左衛門組と勘兵衛組という二つの組は、寛政一一年（一七九九）の段階での小川村全体の家数八九軒のうち、儀左衛門組が三六軒、勘兵衛組が五三軒であったが、久保庭場の一六人と玉泉寺の対立が深刻化していた明和八年（一七七一）頃の庭場ごとの家数は、「小川」庭場が六〇軒で、久保庭場が三〇軒であった[26]。小川村の家数が寛政一一年、明和九年とでは若干異なっているが、それでもなおそれぞれのまとまりを構成する人数の状況から、二つの庭場と「御公用」などを勤める二つの村組が重なるものではなかったことが確認される。そして、こういった事情はどのような状況を生みだしたのであろうか。

乍恐書付を以申上候御事[27]

（前略）久保三拾軒は古来よりノ久保熊野氏子ニ相違無御座候、是迄玉泉寺より祈祷之札請候事覚無御座候、

但久保三拾軒之中此度儀左衛門支配之百姓拾三軒、勘兵衛支配百姓源兵衛儀、元来久保氏子之段申募り罷在、何事も久保庭場一統ニ御座候処、去寅十一月中旬頃如何相心得候哉急ニ異変仕、其段儀左衛門方江小川氏子可相成と印形仕候、儀左衛門支配百姓之儀ニ候得は無是非事ニ御座候、源兵衛儀は此度済口之砌仲人中并小川組頭取計、誤証文勘兵衛方ニ取置申候、何卒御吟味之上彼者共拾四軒久保氏子ニ罷帰候様被仰付被下候ハヽ、久保庭場一統ニ難有奉存候（後略）

明和八年卯三月

小川村名主

勘兵衛　印

百姓　万右衛門　印

水谷信濃守様

御役人中様

この史料から、久保庭場三〇軒のうち「儀左衛門支配」、すなわち「御公用」などを勤める儀左衛門組に属する百姓が一三軒あったことが知られる。すなわち久保庭場には儀左衛門組の百姓一三軒と勘兵衛組の百姓一七軒が存在し、ともに久保熊野神社の氏子として神事祭礼をともにしてきたのであるが、明和七年の小川熊野神社の社木伐り取り問題に端を発した玉泉寺と小川村との争論の過程で、久保庭場が玉泉寺の立ち会いのもとでの氷祭などの祭礼に同席することを拒否した際に、久保庭場の儀左衛門組の一三人に、勘兵衛組の源兵衛を加えた一四人が、小川熊野神社の氏子に入ることを表明する挙に出たのである。これは、彼ら一四人が玉泉寺との内済に同意したことをを意味するが、それは、このうちの一三人が「小川」庭場を統率する立場である儀左衛門組に属する百姓であったことによる。もう一人の源兵衛は勘兵衛組の百姓であったが、彼が何故に儀左衛門組の一三人と行動をともにしたのか、その詳細は不明である。一方、この動きに対して久保庭場の残された一六人は、「儀左衛門支配百姓之儀ニ候得は無是非事」と、儀左衛門組の一三人の行動を承認するが、勘兵衛組でありながら「小川」庭場の動きに同調した源兵衛については、「誤証文」を勘兵衛に提出することが求められたのである。

おわりに

以上、明和七年から九年にかけて繰り広げられた、二宮村の玉泉寺と小川村の百姓との争いを見てきたが、この争いによって小川村は、「小川」庭場と久保庭場という二つの庭場ごとに分裂してしまったかのごとき様相を呈することになってしまった。この争論は、こういった小川村の状況を「永久不睦相増可申義気之毒」と憂えた近隣の村々の仲裁によって、争論勃発から実に二三年後の寛政五年（一七九三）になって、ようやく両者「和融」のための証文が作成され、ひとまずの終焉を迎えることとなった(28)。それほどに大きな溝を、この争論は生み出してしまったのである。

この争論では、小川村に鎮座する二つの熊野神社の鎮守をめぐる村内の駆け引きと、この問題に介入することによって、小川村の鎮守の別当寺としての立場を強めたいとする玉泉寺の思惑が入り乱れ、さらにこれに庭場と「御公用」などを勤めるものとしての組という村の二種類の組のあり方が複雑に絡み合って展開していった。

玉泉寺と小川村の争いの過程では、小川村の百姓全員が小川熊野神社の氏子かどうかということが一つの争点となっていたが、「小川」庭場にとってこの争点は、もとより自分たちが小川熊野神社の氏子であったことから、取り立てて問題とするほどのことはなかった。しかし、久保庭場の百姓にとってはそうではなかった。ただ、同じ久保庭場でも「小川」庭場の統率者である儀左衛門組に属していた百姓たちは、小川熊野神社の氏子に属することにそれほどの抵抗感はなかったのかも知れない。また、当時「小川」が「本名」としての立場を築いていたことも、村内の主導権をめぐる問題として、この動きに拍車をかけていたことが想像される。「小川」庭場の勘兵衛組の百姓が取り立てて目立った動きを示していないのも、この久保と「小川」の立場の違いとして説明することができる。久保庭場の分裂を目の当たりにして、残った久保庭場の一六人は、あえて強硬な立場に固執しなければならなかったことも、こういった状況をみれば十分首肯しうることといえる。

庭場の論理からすれば、庭場には本来それぞれの鎮守と、そこでの祭礼を執行する別当寺的な立場の寺院が結びついていたのであったが、玉泉寺の動きがこのような小川村の庭場と鎮守・寺院の均衡した関係を混乱させ、さらに庭場と「御公用」などを勤めるものとしての組の関係にも飛び火してしまう結果となった。このことを考えると、寺社が村において果たしていた役割の重さをあらためて思い知らされる。江戸時代の村において寺社が果たしていた役割については、これまでもいろいろな側面から追求されてきているが、それは単に村人の信仰世界の話に限定されるものではなく、近世村落の社会構造にまでも深く関わっていたのである。

（1）『日本民俗大辞典』（吉川弘文館、二〇〇〇年）。ちなみに、『国史大辞典』（吉川弘文館）や『日本史大事典』（平凡社）では、「ニワバ」あるいは「庭場」は立項されていない。

（2）滝沢博「庭場の問題―南小曽木村・市川家日記より―」（『多摩郷土研究』第四六号、一九七五年）、同「市川家日記にみる庭場」（『多摩のあゆみ』第三三号、一九八三年）、同『庭場について―村の中の小さな共同体―』（青梅市史史料集第四二号、青梅市教育委員会、二〇〇二年）。南小曽木村の庭場を対象とした研究には、ほかに辻まゆみ「近世の村社会と庭場―武州多摩郡南小曽木村の事例から―」（『論集きんせい』第一六号、一九九四年）がある。

（3）拙稿a論文「近世期小川村の組をめぐる問題について」（多摩川流域史研究会編『多摩川・秋川合流地域の歴史的研究（第一次研究報告）』、一九八九年）、拙稿b論文「近世の村における庭場と組」（多摩川流域史研究会編『近世多摩川流域の史的研究（第二次研究報告）』、一九九四年）。

(4) 註(3)拙稿a論文。

(5) 森田家文書(東京都あきる野市小川)No.二〇七八。森田家は武蔵七党の山口氏の系譜を継ぐという家伝を持つ家である。代々小川村の名主を世襲し、江戸時代前期より酒造業を始め、また八王子の市の織物買い継ぎ商人として富を蓄積して地主経営をおこなうなど、有力な豪農であった。

(6) 同家文書No.三五七。

(7) 同右。なお、名主のほかの村役人についても、それぞれの組ごとに組頭や百姓代がおかれていたようである。

(8) 寛保三年(一七四三)の史料に「是年より両組目録弐通ニ成」(同家文書No.四三三八)との文言があることから、この年よりそれぞれの組ごとに年貢割付がおこなわれるようになったことが知られる。

(9) 同家文書No.二八七五。

(10) 同家文書No.一五八八。

(11) 同家文書No.二八七八。

(12) 以下「小川」と記した場合は、西庭場と東庭場を含めた庭場の呼称を意味するものとする。

(13) なお、小川村の青木氏知行分の百姓三名は、当然のことながら水谷知行分の「御公用」を勤めるこれら二つの組には属していなかったが、庭場としては久保庭場の一員であったことが確認できる(註9)。

(14) 同家文書No.三七六八。

(15) 註(9)。

(16) この小川熊野神社の社木伐り取り一件については、北村澄江「熊野神社をめぐる諸史料について」(多摩川流域史研究会編『近世多摩川流域の史的研究(第二次研究報告)』、一九九四年)がある。

(17) 同家文書No.二八一一。

(18) 註(16)。

(19) 同家文書No.二四七七。

(20) 同家文書No.一八九九—一〇。

(21) 同家文書No.一九〇二―五。

(22) 同家文書No.一九〇二―六。

(23) 石川酒造文書No.三〇―三一〇。

(24) 森田家文書No.二八一一―三―二。

(25) 註(17)。

(26) 文政一一年(一八二八)に稿本が完成した『新編武蔵風土記稿』の小川村の項には、「久保」の説明の箇所で「民家三十二軒すめり」とある。

(27) 森田家文書No.二八七五。

(28) 同家文書No.二四八六。

第二章　二ケ領用水の展開と水争い
――溝の口水騒動を素材として――

落合　功

はじめに

近世における用水をめぐる問題は、共同体を成り立たせる要素として、また地域結合の問題として注目されてきた。このため、近世史研究の中で用水を取り上げる場合、村落共同体との関連や、用水組合などが中心に取り上げられたといえるだろう。(1)

また、用水の配水を始めとした使用方法をめぐる議論は、多くの人々や村々の利害に関わる共通の問題であり、しばしば村落間で用水争論が行なわれていた。(2)この用水争論の議論は多いが、最近の成果でとりわけ注目できるのは渡辺尚志『百姓たちの水資源戦争』(3)である。同書は河内国での水争論を事例に、近世初期から近代までを見通した成果である。同氏の成果は平易な内容であることから、やや大胆な指摘も見られるが、それでも多くの研究成果を丁寧に紹介し含蓄ある議論を展開している。さらに、用水費用の負担のあり方や、用水の配水のあり方、水争論のあり方などを類型化しながら、実際の事例を取り上げたものといえるだろう。筆者は、かかる研究成果に学びつつ、近世初期から近代に至るまで二ケ領用水を取り上げることを将来的な目標としたいが、本論はその一つとして、これまでの二ケ領用水をめぐる議論を整理しつつ、溝の口水騒動を明らかにしていきたい。

二ケ領用水とは、現在の川崎市域を東西に流れる大動脈として流れている用水路のことである。村人たちの飲み水、農業用水として、そして近代以降は工業用水として利用されてきた。

天正一八年（一五九〇）徳川家康は関東入国に伴い、領国化と共に江戸の町づくりを推進する。このとき、小泉次大夫に命じて多摩川を利用した用水路の整備と新田開発を行った。小泉次大夫は多摩川を境に北の六郷用水と共に南の二ケ領用水を開鑿した。(4) 二ケ領用水の概要は次項で紹介するとして、これまでも地元研究者を中心に多くの研究成果が残されている。たとえば、古代の農業文化から始まり、小泉次大夫の登場を明らかにし、関東大震災後の二ケ領用水の動向までを展望した山田蔵太郎稿『稲毛川崎二ケ領用水事績』(5) は史料も豊富に収録した古典的成果として高く評価できるだろう。他にも『川崎市史』所収の「稲毛川崎二ケ領用水と多摩川」(6) や、村上直「小泉次大夫と稲毛・川崎二か領用水」(7) などで概要を知ることができる。(8) また、地元からの関心も高く、郷土史でも特集として扱われている。(9) これらの成果は、二ケ領用水の概要を把握する上で貴重な成果であるが、用水組合の性格や度重なる用水争論の特質をさらに解明する必要があるだろう。

本論は、まず最初に、これまでの研究史を踏まえつつ、二ケ領用水の概要を紹介したい。その上で用水争論として著名な溝の口水騒動を取り上げ、近世後期の用水争論の一断面を明らかにしたい。

一　二ケ領用水の展開

それでは、まず最初に二ケ領用水について、これまでの研究成果を踏まえつつ概要を紹介しておこう。(10)

二ケ領用水とは川崎領稲毛領の六十か村に配水される用水である。近世初期に小泉次大夫によって開鑿された。小泉次大夫は慶長二年（一五九七）二月、三月に川崎領、稲毛領の測量を行い、慶長四年四月から川崎領で工事を開始した。ただ、『新編武蔵風土記稿』の諏訪河原村（稲毛領）にある「旧家者百姓伝八」の項を参照すると、[11]「慶長の頃、洪水の災にかかりし時流失せり、その後もしばしば村内火災ありしかば、堀を鑿ちてその水道を通じ、是が為に大に力を盡せり、その頃の御代官小泉次大夫も溝洫のことをつとめしかば、かの指揮に従ひ近村の人夫などかりたてゝすみやかに事なれり、その後又稲毛川崎両所の用水を開かれし時、次大夫奉行せり……」と記されてあることを踏まえると、小泉次大夫は二ケ領用水の開鑿前にすでに多摩川改修工事に関わり指揮していたということになる。

多摩川の対岸の六郷用水（世田谷領、六郷領）の開鑿が同時期に行なわれており、二ケ領用水と交互に開鑿を進めたという。このため森安彦は小泉次大夫が多摩川の両岸に同時並行して用水を開発したことから四ケ領用水と呼んでいる。[12]

慶長一四年には幹線の部分が完成し、その後、幹線部分から分水口を定めた分水堀を開鑿する。そして、慶長一六年三月には用水堀通りの浚上げ普請が終わり、一切の工事が完了する。灌漑された水田面積は一八七六町歩に及んだ。さらに元和二年（一六一六）には稲毛川崎二ケ領用水組合を組織したとされるが、二ケ領用水の文書の中で「組合」という文字の初見は井田村名主甚右衛門の文書に「天和二年組合五ケ村彼是論これ有り」という記載が初見とされ、用水組合が組織されるのはしばらく後のことであると考えられる。ちなみに、享保二年（一七一七）には「二ケ領用水組合村高反別改帳」「中ノ島村宿河原村両口取入玉川用水組合」という文言があるように、この時期には、稲毛川崎二ケ領用水組合が組織されていることが判明する。こうした用水組合の実態解明は、今後の議論である。

『川崎市史』[13]によれば、開鑿当初は多摩川から取水していた取入口は中野島村だけであったが、下流域に稲荷新田などが開発されたことで用水が不足したことから寛永六年（一六二九）に伊奈忠治が宿河原村に取入口を新設したといわれる。ただ、この取入口の設置の時期は定かでなく、村上直「小泉次大夫と稲毛・川崎二か領用水」[14]によれば、最初に宿河原村の取入口が設置され、のちに水量が減少したため、元禄元年（一六八八）に菅村の野戸呂に取水口を設け、その後中野島に取入口を移すことになったという考えを紹介している。さらに、地形から考察した菅野雪雄「稲毛・川崎二ケ領用水と条理制水路（上・下）」[15]によれば、小泉次大夫の開鑿工事では、条里制水田の用水の取入口が合口であるとし、久地村付近に取入口を設けたもので、多摩川の旧河道を利用しながら東流した人工用水であったと指摘している。それが、寛永年間に水量が不足したことから、宿河原村の取入口を新設し、さらに元禄年間に中野島村の取入口が新設されたというのである。このように二ケ領用水の開鑿当初の経緯にはいくつかの説があるものの、近世後期には、中野島村と宿河原村の二か所から取水した水は合流すると久地村にまで送られた。そして、久地村にある分量樋で、四つに分水され、稲毛領・川崎領の村々へ送られたのである。そして、享保二年（一七一七）六月には二〇〇〇町歩以上もの田を潤す用水となったのである。

享保二年（一七一七）になると、当時の勘定方メンバーである竹物左（竹村惣左衛門・勘定吟味役）、杉弥太（杉岡能達、勘定吟味役）、大下野（大久保忠以、勘定奉行）、伊伊勢（伊勢定敕、勘定奉行）、水伯耆（水野信房、勘定奉行）、水因幡（水野忠順、勘定奉行）の連印（伊伊勢のみ無印）で「二ケ領用水組合村高反別改帳」[16]を作成し、武州稲毛領川崎領の玉川用水組合の村々に対して提示している。同史料の文末に作成の理由が記されてあるが、それを参照すると、「武州川崎領稲荷新田迄之内、玉川通用水組合村々近年猥ニ用水被引水末御料私領村々及難儀ニ候由ニ而候間、如前々伊奈半左衛門役人相廻リ分ケ水可及差図候条可任其意候、若向後猥ニ致方有之者僉議之上可為越度もの也」と記されてある。このように、享保期になると、用水使用の規範が乱れ、勝手に水を引き込む村が出てきたことから、伊奈半左衛門の役人が巡回するので配水の指示に従うことが命じられている。さらに、ここで「若水不足之場所御座候ハヽ御注進申上、御見分を請御差図次第可仕候、所々用水通ニ而洗堰年々春ニ至村ニ而仕来候場所御普請御役人中江申上御吟味ヲ請可仕候、我儘成儀一切仕間敷候……」と、用水が不足した場合は、役人に通達することとし、見分を受けた上で指図に従うように述べている。

また、同史料によれば稲毛川崎二ケ領用水六十か村組合が組織されており、下部組織として、分水された用水路や地域に応じた用水組合が組織されていたことがわかる。二ケ領用水の維持管理にはこうした用水組合が用水路の川浚いを始めとして、水門、堰、分量樋などの用水施設の補修、さらには干害時の用水の調整などが行なわれた。それを示した表1および図を参照しながら説明しよう。この用水組合は多摩川から取水した宿河原村や中野島村から分水樋が設置される久地村にかけての上郷八か村組合（宿河原村、上菅生村、登戸村、長尾村、堰村、久地村、中野島村、五反田村）がある。ちなみに久地村を除いた七か村は宿河原村の取入口からは取水しておらず、中野島村の取入口から取水しているだけである。他の五三か村は中野島村と宿河原村の二か所の取入口から取水している。そして久地村から分水した地域ごとに、溝の口堀組合、田面積は四五町歩弱（溝の口村、久地村、二子村）、小杉堀組合、田面積は一八〇町歩余り（溝の口村、宮内村、小杉村、北見方村、上丸子村、諏訪河原村、二子村、久地村）、根方堀組合は田面積は三五五町歩余り（溝の口村、久本村、新作村、清沢村、明津村、末長村、岩川村、下小田中村、坂戸村、子母口村、神地村、上小田中村、新城村、今井村）、川崎堀組合、田面積は一二九三町歩余り（井田村、木月村、今井村、中丸子村、市坪村、上平間村、塚越村、下平間村、苅宿村、北加瀬村、南加瀬村、鹿島田村、小倉村、江ヶ崎村、矢向村、市場村、菅沢村、下新田村、南河原村、川崎宿、堀之内村、大嶋村、渡田村、小田村、潮田村、小向村、古川村、戸手村、中嶋村、大師河原村、川中嶋村、六稲荷新田、七稲荷新田）の四つの用水組合が組織されていた。川崎領の中では、七つの堰があり、そこから給水を受ける村が一三か村あった。それが田面積が四五〇町歩弱で、流末

表1　享保2年（1717）における、稲毛川崎二ケ領用水組合

領名	村名		用水利用水田面積	堰名	組合名
稲毛領	中野島村	中野島村取入口	5町6反8畝18歩		
稲毛領	登戸村	中野島村取入口	66町9反3畝25歩		
稲毛領	宿河原村	中野島村取入口	32町5反9畝18歩		
稲毛領	五反田村	中野島村取入口	1町2反7畝00歩		
稲毛領	上菅生村	中野島村取入口	5町6反0畝00歩		
稲毛領	長尾村	中野島村取入口	12町6反3畝16歩		
稲毛領	堰村	中野島村、宿河原村取入口	5町5反1畝03歩		
稲毛領	久地村	中野島村、宿河原村取入口	13町0反6畝09歩		溝の口堀組合、小杉堀組合
稲毛領	二子村	中野島村、宿河原村取入口	27町9反0畝17歩		溝の口堀組合、小杉堀組合
稲毛領	溝の口村	中野島村、宿河原村取入口	41町5反7畝03歩		溝の口堀組合、小杉堀組合、根方堀組合
稲毛領	諏訪河原村	中野島村、宿河原村取入口	7町1反1畝01歩		小杉堀組合
稲毛領	北見方村	中野島村、宿河原村取入口	17町3反3畝26歩		小杉堀組合
稲毛領	上小田中村	中野島村、宿河原村取入口	45町3反4畝12歩		根方堀組合
稲毛領	神地村	中野島村、宿河原村取入口	20町4反1畝19歩		根方堀組合
稲毛領	宮内村	中野島村、宿河原村取入口	32町4反7畝03歩		小杉堀組合
稲毛領	小杉村	中野島村、宿河原村取入口	47町2反8畝00歩		小杉堀組合
稲毛領	上丸子村	中野島村、宿河原村取入口	49町3反6畝06歩		小杉堀組合
稲毛領	坂戸村	中野島村、宿河原村取入口	30町0反1畝16歩		根方堀組合
稲毛領	久本村	中野島村、宿河原村取入口	33町9反5畝03歩		根方堀組合
稲毛領	末長村	中野島村、宿河原村取入口	27町5反6畝14歩		根方堀組合
稲毛領	新城村	中野島村、宿河原村取入口	39町2反4畝00歩		根方堀組合
稲毛領	新作村	中野島村、宿河原村取入口	25町7反2畝18歩		根方堀組合
稲毛領	清沢村	中野島村、宿河原村取入口	28町7反7畝20歩		根方堀組合
稲毛領	岩川村	中野島村、宿河原村取入口	13町6反0畝00歩		根方堀組合
稲毛領	子母口村	中野島村、宿河原村取入口	19町1反9畝24歩		根方堀組合
稲毛領	明津村	中野島村、宿河原村取入口	8町1反6畝20歩		根方堀組合
稲毛領	下小田中村	中野島村、宿河原村取入口	53町3反4畝22歩		根方堀組合
稲毛領	今井村	中野島村、宿河原村取入口	21町8反1畝19歩	木月堰、今井堰	根方堀組合、川崎堀組合（七堰）
稲毛領	井田村	中野島村、宿河原村取入口	29町5反2畝28歩	井田堰	川崎堀組合（七堰）
稲毛領	木月村	中野島村、宿河原村取入口	76町8反1畝01歩	木月堰	川崎堀組合（七堰）

稲毛領	苅宿村	中野島村、宿河原村取入口	16町8反3畝25歩	苅宿堰	川崎堀組合（七堰）
稲毛領	市坪村	中野島村、宿河原村取入口	22町7反2畝04歩	上平間堰	川崎堀組合（七堰）
稲毛領	中丸子村	中野島村、宿河原村取入口	24町8反6畝19歩	中丸子堰	川崎堀組合（七堰）
稲毛領	上平間村	中野島村、宿河原村取入口	38町2反9畝14歩	上平間堰	川崎堀組合（七堰）
稲毛領	鹿嶋田村	中野島村、宿河原村取入口	30町0反0畝00歩	鹿島田堰	川崎堀組合（七堰）
稲毛領	北加瀬村	中野島村、宿河原村取入口	34町3反0畝02歩	苅宿堰	川崎堀組合（七堰）
稲毛領	南加瀬村	中野島村、宿河原村取入口	49町5反3畝10歩	苅宿堰	川崎堀組合（七堰）
川崎領	小倉村	中野島村、宿河原村取入口	66町0反5畝10歩	鹿島田堰	川崎堀組合（七堰）
川崎領	下平間村	中野島村、宿河原村取入口	14町1反5畝00歩	上平間堰	川崎堀組合（七堰）
川崎領	塚越村	中野島村、宿河原村取入口	26町8反2畝12歩	上平間堰	川崎堀組合（七堰）
川崎領	矢向村	中野島村、宿河原村取入口	44町9反1畝02歩		川崎堀組合
川崎領	江ケ崎村	中野島村、宿河原村取入口	13町5反7畝00歩		川崎堀組合
川崎領	小向村	中野島村、宿河原村取入口	14町3反7畝03歩		川崎堀組合
川崎領	古川村	中野島村、宿河原村取入口	7町6反6畝26歩		川崎堀組合
川崎領	戸手村	中野島村、宿河原村取入口	37町2反6畝07歩		川崎堀組合
川崎領	南河原村	中野島村、宿河原村取入口	51町1反4畝10歩		川崎堀組合
川崎領	川崎宿	中野島村、宿河原村取入口	106町4反2畝10歩		川崎堀組合
川崎領	堀之内村	中野島村、宿河原村取入口	23町5反7畝16歩		川崎堀組合
川崎領	中嶋村	中野島村、宿河原村取入口	20町0反3畝13歩		川崎堀組合
川崎領	大師河原村	中野島村、宿河原村取入口	41町3反3畝09歩		川崎堀組合
川崎領	川中嶋村	中野島村、宿河原村取入口	11町8反9畝13歩		川崎堀組合
川崎領	六稲荷新田	中野島村、宿河原村取入口	64町4反0畝02歩		川崎堀組合
川崎領	七稲荷新田	中野島村、宿河原村取入口	67町7反1畝24歩		川崎堀組合
川崎領	大嶋村	中野島村、宿河原村取入口	39町2反1畝01歩		川崎堀組合
川崎領	市場村	中野島村、宿河原村取入口	69町8反6畝22歩		川崎堀組合
川崎領	菅沢村	中野島村、宿河原村取入口	23町6反4畝15歩		川崎堀組合
川崎領	小田村	中野島村、宿河原村取入口	67町4反6畝19歩		川崎堀組合
川崎領	潮田村	中野島村、宿河原村取入口	70町7反7畝00歩		川崎堀組合
川崎領	渡田村	中野島村、宿河原村取入口	62町2反7畝11歩		川崎堀組合
川崎領	下新田村	中野島村、宿河原村取入口	14町2反7畝19歩		川崎堀組合

（出所）「稲毛川崎二ケ領用水組合村高反別改帳」川崎市編『川崎市史　資料編2　近世』1989年、360頁。

図　稲毛川崎二ケ領用水と用水組合

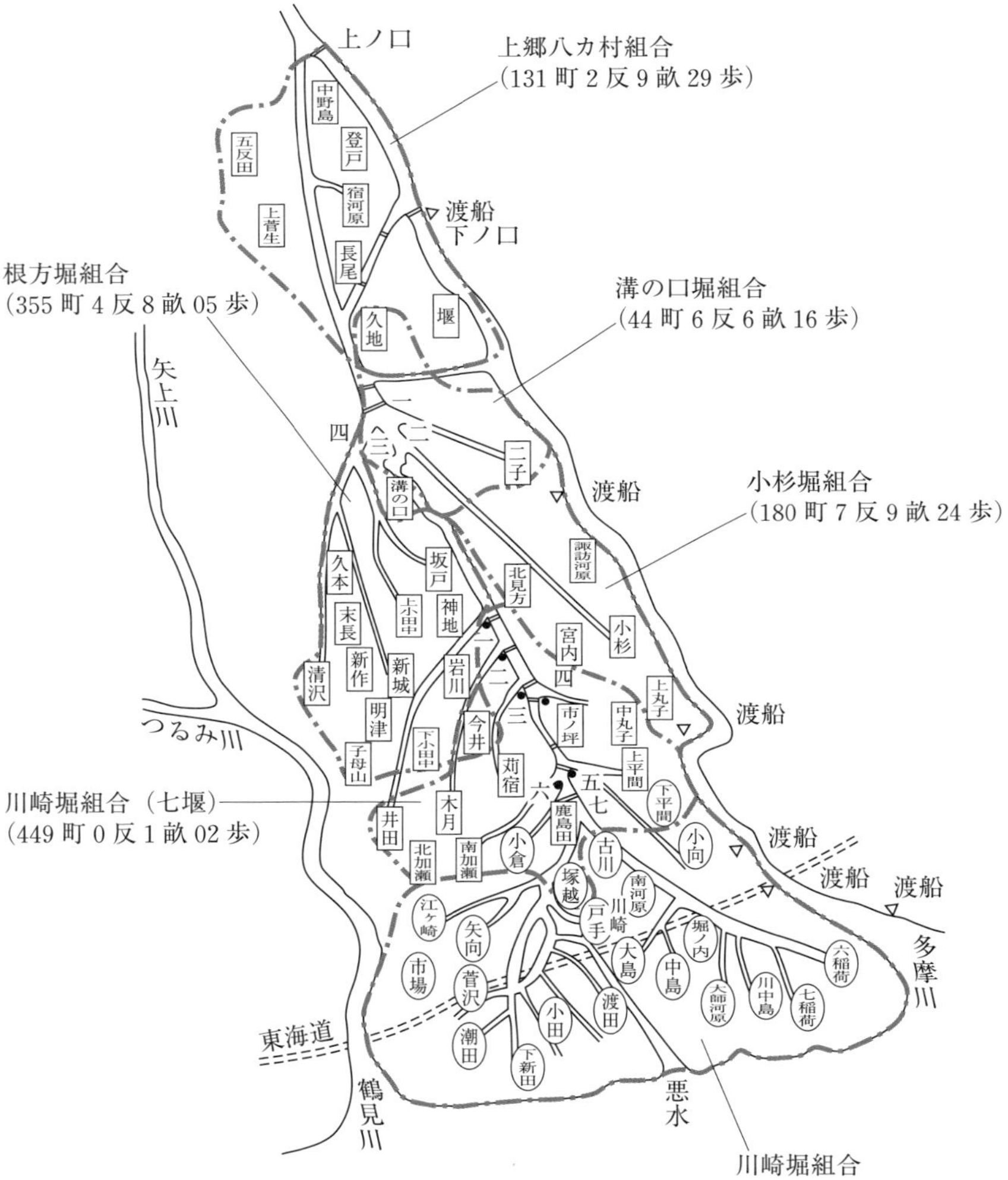

（出所）　稲毛川崎二ケ領用水と用水組合（『川崎市史通史編 2 近世』1994 年）を元に作成。
　　　　村名（丸囲み）は川崎領、村名（四角囲み）は稲毛領、面積は田面積のこと。

にひろがる川崎領の田面積は八四五町歩弱であった。一つの村が複数の用水組合に属しているのは、複数の堰を利用する村のことである。ただ、この用水組合の構成も時期により異なっており、定まっているわけではない。

また、分水の割合は溝の口堀組合の場合、内法三尺三寸五分、小杉堀組合の場合、内法六尺五寸、根方堀組合の場合、内法六尺五寸、そして川崎堀組合の場合、内法二間八寸と決められている。なお、この分水の割合は、村高や耕地面積によって配水されるのではなく、「田に水をはる」ことから、利用する水田面積に応じて配分されている。よって、分水の量は毎年決められていたわけではない。以上のことから判明するように、二ケ領用水は久地村から分水し稲毛領、川崎領五三か村に分水されていた。久地村は、溝の口堀組合と根方堀組合の二つの組合に属するだけでなく、取水口のある中野島村や宿河原村の属する上郷八か村組合にも属している。また久地村に隣接する溝の口村は久地村の分量樋から分水される四つの用水組合の中で、溝の口堀組合、小杉堀組合、根方堀組合と川崎堀組合以外の三つの堀組合に属している。これらのことからも、久地村、溝の口村は二ケ領用水の中で極めて重要な役割を有していたのである。

二ケ領用水の補修改修工事はしばしば行われているが、よく知られるのは享保九年（一七二四）に幕府が田中丘隅に命じた二ケ領用水と六郷用水の改修工事である。あわせて小杉村の地先にある多摩川の瀬替え工事や川崎宿付近の築堤工事を行っている。田中丘隅は多摩川の川除普請を命じられたのを受けて、翌享保十年に二ケ領用水および六郷用水の関係村々に対し「御作法書」(17)を作成している。同史料については、再度検討していきたいが、本論は二ケ領用水の治水事業を行うにあたっての心得書として作成されたものであると考えられるが、それにもかかわらず「渇水之節は村々より訴来り次第見分し、夫々水之分量可申付候、若左様之節、余計之水ヲ取入、残水を流し捨候村方は不届至極候間、其分量ヲ以井堀はけ口共水相減候間、可被得其意候、且又村々ニおゐて私之水論喧嘩等一切可為無用事」と、渇水時には水量を慎重にし、余計の水を取り込んだり、残り水を流し込んでいるような村は「不届至極」と、水争いが起きないよう未然に注意を喚起している。とくに「私之水論喧嘩」と同じ水論であっても私的な利益によって生じる争論に対しては厳しく指弾している。そして、「末々迄自由ニ水引届キ候様可被致候……」と末々の田地にまで用水を行き届かせるように述べている。ただ、こうした田中丘隅の意図とは異なり、第二節で紹介する溝の口水騒動のように近世後期にはしばしば水争いが起きている。

明治期になると、横浜水道への分水の動きなどが見られるようになる。そして、明治二三年（一八九〇）に水利組合条例が公布され、明治三〇年（一八九七）に水利組合条例が施行されると、稲田村ほか十二か町村普通水利組合創立委員と、大師河原ほか四か町村普通水利組合創立委員が集まり会議が行なわれている。そして、明治三一年六月には稲毛川崎二ケ領用水普通水利組合に改称されるに至っている。

二　溝の口水騒動の展開

1　溝の口水騒動前夜

二ケ領用水を舞台にした水騒動は近世中期以降しばしばみられ幕末に至るが、その中でも著名なのが溝の口水騒動である。この溝の口水騒動は、フリー百科事典ウィキペディアにも紹介されているほど著名な騒動である。この溝の口水騒動は地元郷土史会の高津古文書研究会が平成二三年（二〇一一年）から平成二六年（二〇一四年）にかけて「溝の口水騒動シリーズ」として読み下しと解説を発表してきている。このように、今でも地元では関心の高い事件であるといえるだろう。この溝の口水騒動について記した史料は多いが、いくつかの点で内容の齟齬が見られる、また、川崎領（打ち毀した）側の立場と、溝の口村（打ち毀された）側の立場でも意見が異なる。この点に留意しつつ、溝の口水騒動を紹介する。

当時の久地村にあった分量樋は根方一三か村で一口、稲毛・川崎領三三か村（稲毛領十か村、川崎領二〇か村）で一口、川辺六か村で一口、久地・溝の口村で一口の四筋で水が流れていた。[18]文政四年（一八二一）は春から日照りが続き、苗代のときから渇水状態であった。この時期、川崎領は人々の呑み水に影響を与えるまでに水不足が深刻になっている。このため、御普請役の担当役人を出役し用水の扱いについて差配することを願い出たのである。五月七日には宮本文郎兵衛、増田伴十郎が出役し、五月十一日朝から十三日の朝までの二昼夜において七堰を締め切り、川崎領にだけ水を流すことを指示している。この決定を受け、川崎領の村々では久地村の分量樋に番人を派遣し、見届けることにした。ところが、十二日の夕方、分量樋に溝の口村の村人たちが大勢押し掛け、番人を追い出し、川崎領に向けた分量樋を塞いでしまうという事件が起きている。この事件は見過ごすわけにいかないと、川崎領の村々では出訴を検討しているが、この時は井田村、岩川村、堰村の名主たちが仲介に入り、溝の口、久地村が「全心得違」「以来右体之義決而致間敷重々誤入候旨」と、詫び状を提出することで落ち着いている。

ただ、これで川崎領の人々のもとに水が届いたわけではない。川崎領内にある五十町歩ほどの田地は田植えができないので、五月晦日から翌月三日にかけての三夜において水を貰い受けるようにしている。ところが、再び溝の口村の人たちが川崎領の分量樋を使えないようにしたのである。この事態に対し、小田村名主十兵衛は先の詫び書の趣旨と異なると仲介になった堰村名主に掛け合っている。しかし堰村は、詫び証文の内容は確かだが、溝の口村の名主七右衛門のところに行こうとしても大勢の村人たちに抑え込まれて会うことができないと逃げ腰で、さらに久地村に主張しても、溝の口村名主七右衛門に掛け合おうとしても取りあってくれないと述べている。このため七右衛門のところにも行ったのだが、結局、会うことはできなかった。このように取りつく島もなく十兵衛は六月二日に帰村する。

こうした中、新たな事件が起きた。五月晦日と六月一日には、川崎領の分量樋だけでなく、川辺六か村の分量樋まで締め切られたのである。このとき、川辺六か村の村人たちは怒って大抗議を展開したところ、七右衛門は理解を示し、川辺六か村の締め切っていた分量樋を開放している。

かかる事態に対し、川崎領の立場としては、他の堰は「馴れ合い」で用水の流し込みがなされており、川崎領の村々に対し七右衛門は約束を違え「見殺し」にしようとしていると主張している。これには七堰の村々は困惑している。七堰の村々とは、稲毛領・川崎領内で七つの堰を利用している村々のことである。一番堰井田堰、二番堰木月堰、三番堰今井堰、四番堰中丸子堰、五番堰上平間堰、六番堰苅宿堰、七番堰鹿島田堰のことで、川崎領の村々と隣接しているため、川崎領の主張には理解があった。そこで七堰の村々から七右衛門に対し、川崎領の分量樋も支障の無いように、掛水量の不足について掛け合うことを約束している。こうして、七堰の村々の村役人たちが六月三日の夜に溝の口村に訪問したのだが、大勢の村人たちが集まっており、何もできず空しく帰村している。このように、七堰の村々は昼だけではあるが水が流れており用水に間に合うものの、川崎領の流末の村々へは一切送られることは無かったのである。

かくして、川崎領の人々は中村八太夫役所へ訴えることとなった。また、川崎領には御霊屋領や私領が散在しているため、中村八太夫役所だけでは対応しきれないとし、普請役からの出役も願い出ている。これを受け、普請役としては市村宗次郎と、小池為之助の手代である原戸一郎、中村八太夫役所からは手付の稲子宅右衛門が出役してきている。その結果、田植えが済んでいない川崎領の渡田村、下新田村、菅沢村、小田村、潮田村、大師河原村、稲荷新田両組、市場村の四十八町歩を対象に、六月九日の九つ時から十二日の九つ時までの三日間は七堰を締め切り、九か村のみに配水することにしたのである。こうしてようやく田植えができている。そして、その後は久地村にある分量樋が支障の無いよう普請役は川崎領の人々が立ち合いのもと七堰十三カ村で分量樋の番をするように命じている。このとき、七堰十三カ村と川崎領の二十カ村は、今後も用水が枯れることの無いよう番水にすることを願い出ているが、取り上げられていない。結局、同じ川崎堀組合であり、川崎領の分量樋から給水を受けながら、七堰を利用している十三カ村は水不足にならないのに、他の川崎領二十カ村はその後も水不足で困窮する事態を再度普請役所に願い出ることになる。さらにこの間にも溝の口村の七右衛門はしばしば約束を破り、大勢の人々を連れて「雨乞洗垢離」などと唱えて川崎領の樋口に体を並べて塞いでいる。

こうした中、普請役の松本又右衛門と深沢新蔵が出役し、六月二四日朝から二九日の朝まで村方に五分程度の歩合で水を流すことで調整し、川崎領の村々も了解している。ところが二四日の朝になると、七右衛門の番人足は普請役と両出役の指示だと主張し、川崎領の分量樋を締め切っている。それを聞いて、番人は宮内村にいた普請役に報告したところ「以之外」と手分けして対応することとなった。このとき、深沢新蔵と稲子宅右衛門は分量樋が締め切られている様子を確認したものの、その後はどこかで休息している。他方、松本又右衛門は村人たちと共に用水の様子を確認しながら歩いて用水路を遡っている。そうしたところ根方十三か村のうち六か村は、用水路の水勢もあり、水が溢れて畑の中にまで及んでいた。これを見た松本又右衛門は配水が「不行届き」であり、「甚だ歎敷段」とし、「何れ七右衛門ハ其儘ニ而不差置吟味いたし候筈」と、述べている。

ところが、こうした事態でありながら番人が稲子宅右衛門に七右衛門の不正を報告すると、逆に「名主役も勤め候身分右様之義可致筈も無之」などと、かえって叱られる有様であった。さらに六月二十八日には、稲子宅右衛門と堀内半右衛門は川崎大師へ参詣に行ってしまい対応せず、川崎領の人々は「百姓方ニ而者生死之境と相歎罷在候折柄、御用之外ニ而場所ヲ明、御参詣被成候段、全七右衛門と御馴合之義と奉存候」と、七右衛門と普請役との関係を「馴れ合い」であると主張している。

さらに七月四日夕方から七日の夕方にかけてまでは七堰を差し止め、川崎領へ送水する予定であった。このため、川崎領では七月四日に若し「不法之者」が出た場合は捕まえる手はずで用水物代が人足を二名ほど増やすことにしている。分量樋に向かったところ、中沢八十郎と堀内半右衛門が川崎領の分量樋の水口を締め切り帰る所だった。このとき、川崎領の用水物代として挨拶したところ、川崎領の分量樋の水口を締め切ったことを御用状に認めたので普請役に渡すようにと指示を受けたのである。仕方がなく、旅宿に宿泊している普請役と村役人に伝えたところ、川崎領の村役人たちも集まり、どうして水口を締め切るのかと疑念をいだいている。また、先日も七右衛門の不埒について吟味するという話しだったが、その後の処遇は何もなされていないとし、「普請方御取計疑敷」と申し立てている。さらに、今回の御用状に記された水口の締め切りの様子についても中沢八十郎と堀内半右衛門に問い合わせるべきだし、七右衛門もここに呼び寄せて糾明すべきであるとしたのである。

そうこうしているうちに、川崎宿にある医王寺で鐘がつかれることになる。出火だと思った人たちが集まって来たものの、落ち着きを取り戻している。その後、再び川崎領の村々が騒ぎ始め、「如何之子細ニ而右様之始末に相成候」という問いかけに対し、これまでは分量樋の番人が少人数であったため度々締め切られるので、今回は大勢で押し寄せて分量樋を開けると共に、七右衛門に対し約束を守らせるようにと普請役に伝えたところ、そういうことであれば、中村八太夫役所から出役してもらい、召し捕えてもらうようにと指示されている。さらに、大貫次右衛門役所からも酒巻浅蔵や用瀬多八郎を出役してもらうことにしたのである。こうして集まった村人たちに対して声をからして説得し、鎮静を取り戻そうとしている。

しかし、夜になっても混乱した状態が続き、収拾がついていない。さらに、六日の朝になると、各村々の村役人たちは疲れ果てているが、稲毛領側から直接、江戸の代官屋敷に出訴するという風聞が流れたため、それを阻止するために多摩川の渡船場を封鎖し、さらに出訴を引き留めるために江戸府内にまで立ち入り、代官屋敷の門前にまで押しかけるに至ったのである。

2　溝の口水騒動

こうして、溝の口水騒動が起きたのである。この時の様子を、溝の口村名主七右衛門悴八十郎が中村八太夫役所に川崎領の村人たちの暴力行為を訴え出た上申書(19)を中心に紹介しよう。

七月一日には川崎領の中島村の医師栄助が七右衛門屋敷へやってきて、このままでは騒動を招きかねないとして調整している。この時、栄助は旱魃ではあるが、川崎領の用水路に対し、一尺だけ余計に引き入れることを希望している。しかし、七右衛門は、用水は日々減水している状況で、「相互ニ難儀仕居候間」と、増水の可能性はほとんどないとし、「一尺は勿論一寸たりとも増水貰請候抔と被及掛合候儀ハ甚以難得其意ヲ候間……」と、断わっている。この回答を受け、栄助も「致方無之段」と帰村したのである。この上申書によれば、こうした経緯から溝の口水騒動の頭取は中島村の栄助であると主張している。

さて、溝の口水騒動の当日（七月六日）朝四ツ時ごろ、川崎領の村々の村役人を先頭に一万三四千人にものぼる人々が高張り提灯、鉄砲、鎗、竹鎗、大鳶、鉄、鐇、樫木棒などを携え、それぞれ中島村、小田村、大島村、川中島村、南河原村、渡田村、菅沢村などを始めとした数か村の村名が記された茜、白木綿の幟を掲げて溝の口村へ押し寄せている。

ここでは、名主七右衛門の居宅、土蔵、穀倉を打ち毀している。穀倉には前年の年貢分の保管分や雑穀などが俵詰めされていたが、これらを切り破り撒き散した。土蔵にも大勢が乱入し、衣類や夜具を始めとした諸道具を破損した。さらには年貢などを納めている様子を示した小手形や、普請所出来形帳、年貢割付帳や年貢皆済目録、小前名寄帳、質物帳や金子借用証文など村内の記録などが多く破り捨てられた。また、全ての柱は持参の鐇で打ち倒され、畳や戸障子、簞笥、長持ちなどの諸道具は全て破壊されている。さらに高札もどこかに持ちさられ、翌日二子村の村役人から高札を預かっていることが伝えられている。新設の物置や薪小屋、馬屋なども破壊されている。他にも、隣家である百姓徳右衛門宅や伊右衛門宅など十軒余りも打ち毀された。七右衛門の家族は、身の危険を感じ逃げていた。

さらに、騒動の当日、七右衛門は今回の打ち毀しの報告のために江戸馬喰町の大貫次右衛門屋敷に出府していたが、日暮れ六つ時ごろには川崎領の村々の人々が大貫次右衛門屋敷にまで詰めかけている。風聞によると、彼らは七右衛門を探し回り、「見当り次第即刻ニ打殺し可申」などと口々に言っていたとのことである。結局、御用屋敷の表門や百姓門が閉められ、七右衛門は裏門から出ている。

これが溝の口村水騒動の概要である。ただ、この概要は打ち毀しを受けた溝の口村側の主張から明らかにしたものであり、史料批判が必要である。たとえば、川崎領側の主張によれば、溝の口村に向かう際に村人たちは用水路の清掃のため鳶などは所持していたものの、竹鎗や幟を所持していたことは認めていない。とりわけ鉄砲については、御拳場なので、川崎領内には鉄砲を一挺も所持していないとし「全之偽」と強く否定している。また、七右衛門宅を打ち毀すに至った理由についても、同家や近所の家の屋根には石や熱湯を準備していたために、憤ったことがきっかけと主張している。また、この騒動は自然発生的に起きたために、頭取と言われるような人はいないとしている。粂七が医王寺の鐘を鳴らしたことをきっかけに川崎領内の村人たちが集結したことについても、「何故誰の仕業共不相分」とし、鐘は「出火と心得」と、この騒動とは無関係であると主張している。また、溝の口村側からは今回の水騒動の頭目とされた中島村医師栄助については、川崎領の側からは一切話題に出ていない。

これらの点については、この溝の口村水騒動の中心人物として吟味を受けた川崎領小前惣代源四郎以下四人の返答書「御吟味ニ付申上候事(20)」を参照すると、「七右衛門宅も不存候所、左右より向合候家之所ニ而石ヲ投、熱湯をかけ又者垣根之間より竹鎗を突出し候故、是ぞ七右衛門宅ニ可有之与推察致候義……」と、そもそも七右衛門の屋敷は知らず、七右衛門側からの攻撃によって打ち毀しが始まったと主張している。また、「右一件初発ハ分量樋番人早々可差遣手廻しの為ニ大師河原粂七大助七左衛門与相談之上鐘をつき……」と、騒動のきっかけが粂七、大助、七左衛門による鐘が原因であることを述べている。

また、生麦村名主であった関口藤右衛門の日記「関口日記」[21]の文政四年七月七日の項を参照すると、「昨六日川崎領下郷一同ニ百姓共用水下ケ不申、呑水ニも困り候趣申立、村々騒動数百人溝口村名主七右衛門方江押寄せ家宅打崩し夫より直ニ江戸御代官役所へ自訴ニ罷出候処、一村ニ而弐人宛相残リ外帰村可致旨被仰付候由ニ而不残引取申候」と記されている。つまり、溝の口水騒動に参加した川崎領の人々は一万人を超えておらず、数百人程度であったようである。また、江戸表にまで行った村人も一村に二人を残して帰村するよう命じられており、極めて秩序的に行動していたとされている。

三　溝の口水騒動のその後

溝の口水騒動が行なわれた約半月後から事件の真相の解明を含めた取り調べが進められている。表2に示した通り、七月二四日に溝の口村名主七右衛門が本所に入牢した後、溝の口水騒動の首謀者を吟味するため、川崎領村役人が呼び出され、入牢を命じられたり、病気の者は宿預りを命じられている。ただ、入牢とはいうものの、多くの村々から差し入れがなされている。八月三日には小田村十兵衛と稲荷新田七左衛門のために衣類の差し入れがなされている。また同じ日には堀之内村、中島村、池上新田から渡田村太兵衛のもとに梨子一荷が差し入れられている。その後も葡萄、干菓子、かるやき、梅干し、酢の物、饅頭、奈良漬など様々なものが差し入れられている。しかも、それらは川崎領の村々からだけではなく、宿河原村や登戸村などの直接今回の溝の口水騒動に関係ない稲毛領の村々からも差し入れがなされている。

また、この年は旱魃で不作が予想されたため、代官に検見を願い出なければいけなかった。それにもかかわらず多くの村役人が入牢や宿預りになっていた。このため七月二七日には「御検見之時節御差支ニ為成候義ニ付、右取調中何卒格別之御慈悲を以一同宿御預ケ御差免之上一先帰村被仰付申置候仍奉願上候」と、検見を願い出る

表2　溝の口水騒動後の取り調べ

7月24日	溝の口村　七右衛門	本所入牢
7月28日	潮田村　源四郎 市場村　十右衛門 大師河原村　孫兵衛 菅沢村　与右衛門 中嶋村　甚左衛門	本所入牢 本所入牢 本所入牢 本所入牢 本所入牢
7月29日	七稲荷新田　七左衛門 渡田村　太兵衛 中嶋村　大助 小田村　名主十兵衛 菅沢村　年寄平兵衛 大嶋村十兵衛代　年寄権蔵 川中嶋村 名主悴増五郎 南河原村　年寄杢右衛門 七稲荷新田 名主七左衛門悴吉右衛門	呼び出し 本所入牢 本所入牢 本所入牢 手鎖宿預り 手鎖宿預り 手鎖宿預り 手鎖宿預り 手鎖宿預り
8月1日	川崎宿小前　次郎吉 川崎宿小前　金之介 川崎宿小前　弁蔵 川崎宿小前　金五郎 三五郎	手鎖宿預り 手鎖宿預り 手鎖宿預り 手鎖宿預り 病気　宿預り
8月3日	七稲荷名主　七左衛門 池上新田　順蔵 川崎宿　清九郎 次兵衛 与惣右衛門	本所入牢 本所入牢 本所入牢 病気　宿預り 病気　宿預り
8月8日	市場村　伝右衛門 下新田　彦兵衛 堀之内村　次郎兵衛 六稲荷新田　六郎左衛門 大師河原村　太郎兵衛 汐田村　栄蔵 川崎宿　彦十郎	宿預り 宿預り 宿預り 宿預り 宿預り 宿預り 宿預り
8月23日	大師河原村　又兵衛悴粂七	本所入牢

（出所）「日簿」池上家文書

ために必要な帳面を作成し、検見に影響を与えないように一時帰村を願い出ている。[22] この願いが認められたか否かは別として、彼らの入牢や宿預りの処遇は比較的緩やかであったといえるだろう。

さて、この事件は、水争いそのものだけでなく、川崎領の村々の人々が溝の口村の名主七右衛門の居宅などを打ち壊したこと、そして川崎領の村人たちが江戸表に出て行ったことなども吟味の対象にしている。そして、事件の一年三か月後の文政五年十月、大貫次右衛門、中村八太夫屋敷において判決を出している。[23]

小田村名主十兵衛、南河原村名主次兵衛、川中嶋村名主与惣右衛門は打ち毀しと大勢の人々が江戸府内に立ち入った事態を重く見て五貫文ずつの過料が命じられた。また、大師河原村の粂七は、川崎宿の医王寺の鐘をつき、村々の人々を集めたことは、今回の事態を招いたこととして重く見ており、江戸十里四方追放が命じられている。そして、川崎宿を始めとした二十か村の名主、年寄、百姓に至るまで、今回の騒動に陥ったことについて、村役人は制止できなかったとして、名主共に対しては急度叱り、年寄共には叱りとし、百姓たちには村高に応じて過料銭二百七貫文を支払うことを命じている。

他方、溝の口村名主七右衛門は、久地村にある川崎領組合分分量樋に草堰などを仕掛けたこと、しかも、一度は詫び証文を提出していながら、久地村・溝の口村の人たちが行なっていることを見て見ぬふりをし、さらに普請役から厳重注意された後も、用水組合との相談に応じず、流水差し止めを続け、結果として騒動を招いている。これらのことは、「至而不届」として、所払いに処せられている。

久地村名主・年寄・百姓と溝の口村の年寄・百姓に対しては、旱魃の時に川崎領組合の分量樋に草堰を仕掛けることは心得違いであるとしている。そして、これらの行為は溝の口村名主七右衛門を中心とした行為として、「一同不埒」ということで、久地村名主に対しては過料銭五貫文、年寄に対してはそれぞれ三貫文宛、百姓に対しては村高に応じて過料銭二一貫文を支払うことを命じている。

さらに、他にも普請役であった松本又右衛門と深沢新蔵は、配水を差配し、廻村すべき立場であった。また、中村八太夫の手付堀内半右衛門は溝の口村にある旅籠に宿泊していた際、川崎領の分量樋にかけていた草堰を翌朝取り払うことを指示しながら、実際の出役をせず、結果として、久地村と溝の口村の両村がそのまま分量樋を塞いでいたことを見過ごしたこと、さらに筵堰を掛けたことについて普請役から話があったにも関わらず、取り上げなかったことなどを問題点として指摘している。そして、大貫次右衛門の手付である酒巻浅蔵と用瀬多八郎は直接騒動を招く事態には関与していないものの、結果として騒動を招いたことを問題にしている。

これらのことから、普請役であった松本又右衛門は「扶持切米を取り上げ」、深沢新蔵は「見習い役義取り上げ及び押込(蟄居)」、大貫次右衛門手付酒巻浅蔵と用瀬多八郎は「急度叱り」、中村八太夫手付堀内半右衛門は「手付の役義取り上げ」、同人手付稲子宅右衛門は「急度叱り」、そして同人手代中沢八十郎は「押込(蟄居)」に命じられている。

このように、この溝の口水騒動は、騒動を起こした側も、起こされた側も、そして、担当役人に至るまで厳しい処罰がなされたのである。

おわりに

以上、「二ケ領用水の展開と水争い―溝の口水騒動を素材として」と題し、二ケ領用水の概要を紹介すると共に、文政四年(一八二一)七月に起きた溝の口水騒動について紹介してきた。

二ケ領用水は、徳川家康の関東入国にあわせた周辺農村の整備を目的として多摩川の南側(稲毛領、川崎領)を対象に用水路として開鑿したものである。中野島村・宿河原村で取水口から得た水は、久地村の分量樋によって四つに分水されることになる。このため、久地村とそれに隣接する溝の口村は重要な意味があったのである。「四筋に相分銘々田方反別并遠近ヲ量り相定候義ニ付、水之乗方何れ之筋も分量に応し無甲乙儀ニ而、用水不足致候共其筋々之内ニ而差引差略者致し来り候得共……」(24)と、田面積に応じて配水されることが慣例として行われていた。こうした慣例に基づく配水方法は水が潤沢にあり全村に配水可能であればそれで良いのだが、新田開発が推進されたことで、総量に限界がある用水の供給量を上回って配水せざるをえなくなっている。近世後期の川崎領は海中新田開発など、積極的に新田開発が推進されている。二ケ領用水の水争いは近世後期にかけて頻繁に起きていることは、かかる点から展望する必要があるだろう。

こうした用水問題や水騒動を招く歴史的背景とは別に、直接的原因として指摘できる点として二つ挙げておきたい。一つは、用水供給地域による不平等感や差別性、そして恣意的な行動と判断されたときに騒動が起きるということである。田中丘隅の「御作法書」を参照すると、(25)「私之水論喧嘩」を厳しく戒めていることからもわかるだろう。この点は逆に言えば、たとえ水不足であったとしても、各村々が平等に配水がなされてさえいれば、大きな問題にはならないということである。今回の水騒動では、川崎領への村々への配水が溝の口村名主七右衛門による不法な妨害が行われたこと、そして「稲毛領之儀者川崎領と引替稲葉生立方別而出来宜敷、右を見請候而者一入七右衛門不法之始末小前一同憤り罷在候得共……」(26)と、明らかに稲毛領の方への給水が潤沢である状況が溝の口村の七右衛門への反発を助長したのである。そして、「追而御普請役衆御差図ヲ以分量樋〆切候節も畢竟私取計之義と川崎領之者共騒立、居宅并隣家伊右衛門外壱人宅を茂打毀し候次第……」(27)と、「私取計之義」であることへの反発があったのである。

もう一つは、権力との癒着に対する反発である。七右衛門の不法を普請役に上申しても願いはかなわず、むしろ「名主役も勤候身分、右様之義可致筈も無之抔と種々利口ニ申掠候故……」(28)などと、川崎領の番人の方が逆に叱られている。そして、挙句の果てには、中村八太夫の手付である堀内半右衛門と稲子宅右衛門は川崎大師への参詣に行ってしまったことについて、「百姓方ニ而者生死之境と相歎罷在候折柄、御用之外ニ而場所ヲ明御参詣被成候段、全七右衛門と御馴合之義と奉存候」と、名主七右衛門との馴れ合いを述べている。さらに普請役に対しても、七右衛門の「不埒之義」を認めながらも、結局「其後何之御沙汰も無之」と「御普請役方御取計疑敷旨申立候所」と、普請役の行動にも疑問を抱いている。このように溝の口村名主七右衛門の不法行為と、公儀への期待が失われたとき、打ち毀しという行動へと至ったのである。

ただ、二ケ領用水において考える時、取水口である宿河原村、中野島村はさほど影響力は無い分、分量樋を有した久地村と、それに隣接した溝の口村が、一般に言う「水支配の主体者」であり「モト村」であった[29]。用水争論は必ずしも主張の正・不正によって判断されるのではなく、村役人同士の政治的妥協や村同士の力関係で決められることが多かったといわれる[30]。これらの点を踏まえるとき、今回の溝の口水争論が溝の口村七右衛門の過度な対応に対する川崎領村々の反発として理解すべきか、あるいは地域変容の問題として理解すべきなのか、今後さらに究明すべき課題である。

最後に、溝の口水騒動における七右衛門家の打ち毀しについて述べておこう。この点については、溝の口村側の主張と川崎領側の主張でくい違いが多くみられ、真相は解明しづらいところである。しかも今回扱った史料が吟味書や訴状を中心としているため、不利益な発言が処罰に直結することからもやむを得ないところである。ただ、それでもある程度の水騒動について概要は把握できるし、特に打ち毀しは激しいものの、死者やけが人などの記述は見られない点は注目してよいだろう。もちろん、七右衛門家の家族は事前に退避していたこともあるだろうが、全く人身に危害を加えていないことは、人と人とが恨み合う「戦争」ではなく、あくまでも示威行為であることがわかるだろう。そして、先に紹介した惣百姓の供述書「御吟味ニ付申上候事」を参照しても[31]、「尤川崎領之者共元より欲得ニ拘り候筋無之打毀其儘引払候義故、右跡ニ而取散し有之候内可然品々何ものか盗取候哉も難斗領内之もの共盗取候義与者不奉存候」と、川崎領による村人たちの打毀し行為は、決して盗難目的ではないことがわかるだろう。鉄砲を所持していないことを強く主張していることもその表れと言える。いわば、溝の口水騒動は「打毀しの作法」にのっとった行動であったのである。

（1）用水に関する問題については議論すべき点は多く、研究史の整理は改めて紹介したい。貝塚和実「近世水利・治水史研究の現状と課題」（『関東近世史研究』二三号、一九八八年）は、用水組合だけではないが、課題点を簡潔にまとめてある。まずは、総合的に研究した成果は喜多村俊夫『日本灌漑水利慣行の史的研究（総論編）』（一九五〇年、岩波書店）がある。同書は、灌漑水利慣行、技術、組織、管理者、配水（分水）方法、用水争論など幅広い議論を概括的に紹介した古典的名著である。それに合わせて『日本灌漑水利慣行の史的研究（各論編）』（一九七三年、岩波書店）が個別研究としての各論である。また、用水の管理や運営のあり方を紹介した、上杉允彦「近世の用水管理と村機能」（『史観』八〇、一九六九年）、用水の管理と配分について紹介した、住谷一彦「村落共同体と用水強制」（『社会学評論』一一、一九五三年）、「水支配の主体」「モト村」を明らかにすることの重要性を示した、馬場昭「農村における水の役割」（『歴史評論』四三、一九五三年）がある。また普請組合に見られる地域結合（村結合の問題）に注目した、貝塚和実「近世普請組合の機能と性格―利根川自普請組合を中心に―」（『埼玉県史研究』一七、一九八六年）がある。

（2）上杉允彦「近世用水争論と村機能」（早稲田大学経済史学会『経済史学』一三、一九六九年）は用水争論の原因を究明すると共に、村や用水組合のもつ用水自治の面に注目している。大竹秀男「近世水利訴訟法における『内済』の原則」（『法制史研究』一号、一九五一年）においても、水利訴訟が内済によって決められていく点と、その不公平性（強い者が勝つ）を紹介している。また、遠江国周智郡の用水争論を圦樋技術の展開との関連で理解しようとした大塚英二「近世後期の用水争論と圦樋技術の展開」（『日本史研究』三〇三、一九八七年）は興味深い成果である。また、『日本近世地域研究序説』（清文堂書店、二〇〇八年）では、同論文と共に袋井地方の用水相論を明らかにした「水利秩序の変容と地域村落間格差」を紹介している。他に、用水争論を村・百姓の紛争解決の問題として顛末を丁寧に明らかにした、好並隆司「和泉国惣ノ池の用水争論」（『岡山大学文学部紀要』五、一九八四年）、杉山容一「近世における水をめぐる村落間紛争」（『東北学院大学東北文化研究所紀要』四七、二〇一五年）がある。

（3）渡辺尚志『百姓たちの水資源戦争』（草思社、二〇一四年）。また、同氏の研究だけでなく、摂津国、河内国を対象に用水を扱った成果は多い。津川正幸「近世灌漑水利に関する一・二の史料」（関西大学『経済論集』五―一、一九五五年）、山口之夫「大和川川違えの社会経済史的意義」（『ヒストリア』五五、一九六九年）、石原佳子「近世水利組織と村落」（『ヒストリア』一〇一、一九八三年）、川島孝「近世河川灌漑における用水組合の研究―河内国大和川筋築留樋組の場合―」（『ヒストリア』六二、一九七三年）、川島孝「近世用水争論の研究―河内国新大和川筋太田樋組の事例―」（『ヒストリア』六五、一九七四年）、川島孝「近世用水争論の解決過程」（『歴史研究（大阪府立大学）』一六、一九七四年）川島孝「近世における用水樋普請について―河内国新大和川太田組用水樋の場合―」（『経済研究（大阪府立大学）』一八―四、一九七三年）など。

（4）小泉次大夫事績調査団『小泉次大夫用水史料』（一九八八年）。

（5）山田蔵太郎稿『稲毛川崎二ケ領用水事績』（稲毛川崎弐ケ領普通水利組合刊行、一九三〇年）。

（6）川崎市編「稲毛川崎二ケ領用水と多摩川」『川崎市史通史編』（一九九四年、三五九―三七六頁）。

（7）村上直「小泉次大夫と稲毛・川崎二か領用水」『江戸近郊農村と地方巧者』（大河書房、二〇〇四年、一〇一―一一四頁）。

（8）村上直「二ケ領用水の開鑿」「代官小泉次大夫」『川崎市史』、川崎市役所、一九六八年、一〇八―一一〇頁、小塚光治「生きぬく努力」『川崎史話　中巻』多摩史談会、一九八〇年、二三一―二三九頁。上田恒三「小泉次大夫と二ケ領用水」「田中丘隅喜古と二ケ領用水の復興」『高津村風土記稿』一九八〇年、嶋村龍蔵編「稲毛・川崎二ケ領用水」『多摩川誌』多摩川誌編集委員会、一九八六年、四七三―五五五頁）村上直「小泉次大夫と二ケ領用水」（『神奈川県史通史編2近世（一）』、一九八一年、二〇一―二〇九頁）青木美智男「川崎水騒動」（『神奈川県史通史編3近世（二）』一九八三年、四八七―四九〇頁）など。

（9）稲田郷土史会『あゆたか』第二九号（一九九一年）では、二ケ領用水特集号を出している。

（10）本章の内容は、川崎市編「稲毛川崎二ケ領用水と多摩川」（『川崎市史通史編』一九九四年、三五九―三七六頁）、川崎市役所編『川崎市史』（一九六八年）、山田蔵太郎稿『稲毛川崎二ケ領用水事績』（稲毛川崎弐ケ領普通水利組合刊行、一九三〇年）などの成果を参照している。

（11）『新編武蔵風土記稿　第三冊』（『大日本地誌大系』雄山閣、一九九六年、一八八頁）。

（12）森安彦「小泉次大夫と用水開発」（小泉次大夫事績調査団『小泉次大夫用水史料』一九八八年）。

（13）川崎市編「稲毛川崎二ケ領用水と多摩川」。

（14）村上直「小泉次大夫と稲毛・川崎二か領用水」。

（15）菅野雪雄「稲毛川崎ケ領用水の創設と条里制水路（上）」（『武蔵野』六四―二）、一九八六年、菅野雪雄「稲毛川崎ケ領用水の創設と条里制水路（下）」（『武蔵野』六六―一、一九八八年）。

（16）「稲毛川崎二ケ領用水組合村高反別改帳」『川崎市史資料編2近世』川崎市編、一九八九年、三六〇―三七三頁）。

（17）本論において、「御作法書」は、山田蔵太郎稿『稲毛川崎二ケ領用水事績』（稲毛川崎弐ケ領普通水利組合刊行、一九三〇年）に掲載されている史料を参考にしている。

（18）文政四年九月「橘樹郡川崎領水騒の際打こわしのため取調につき返答書」『神奈川県史　資料編7近世（4）』一九七五年、九三四頁）、なお、石井光五郎編「溝の口村用水騒動録」（『経済と貿易』七三―七四合併号、横浜市立大学経済研究所、一九五九年）は、史料紹介ではあるが、この溝の口水騒動を紹介した嚆矢的成果である。

（19）「文政四年七月　橘樹郡溝ノ口村七右衛門水騒にて打こわしを受けるにつき上申書」『神奈川県史　資料編7近世（4）』一九七五年、九三一―九三三頁）。

（20）文政四年九月「川崎領小前惣代返答書」（高津古文書研究会編『溝之口水騒動シリーズ一』二〇一一年）。

（21）横浜市文化財調査報告書第八輯の四『関口日記　第四巻』（一九七四年）三三頁。

（22）「日簿」（池上家文書）（高津古文書研究会編『溝之口水騒動シリーズ五』二〇一三年）。

（23）文政五年十月「橘樹郡川崎領百姓等水騒の節打こわしにつき判決請書」『神奈川県史　資料編7近世（4）』一九七五

年、九四四―九四九頁）。

（24）文政四年九月「橘樹郡川崎領水騒の際打こわしのため取調につき返答書」。

（25）山田蔵太郎稿『稲毛川崎二ケ領用水事績』。

（26）文政四年九月「橘樹郡川崎領水騒の際打こわしのため取調につき返答書」。

（27）文政五年十月「橘樹郡川崎領百姓等水騒の節打こわしにつき判決請書」。

（28）文政四年九月「橘樹郡川崎領水騒の際打こわしのため取調につき返答書」。

（29）馬場昭「農村における水の役割」（『歴史評論』四三、一九五三年）。

（30）上杉允彦「近世用水争論と村機能」（早稲田大学経済史学会『経済史学』一三号、一九六九年）。大竹秀男「近世水利訴訟法における『内済』の原則」（『法制史研究』一号、一九五一年）でも「内済主義の採用はたしかに右の意味では成功している。しかし内済によって公正な結末がもたらされたということではない。むしろ済口証文の内容を検討してみて思いのほか権利関係が均衡を失していることに気付くであろう。『イツモ強キモノカチ』なのである。」と、内済の実態を紹介している。

（31）文政四年九月「川崎領小前惣代返答書」。

〈追記〉

本稿執筆に当たり、川崎市公文書館には史料閲覧等において多くのご支援を賜った。記して謝意を表したい。

第三章　信濃国中之条代官所陣屋元の寺子屋幸民堂

山崎　圭

はじめに

幸民堂は、信濃国の中之条代官所の陣屋元である中之条村（現長野県埴科郡坂城町）に天保一一年（一八四〇）から明治七年（一八七四）まで開かれた寺子屋である。師匠は中之条村の村役人を務めた（中島）銀右衛門で、近隣の百姓の子供たちと役所詰手代の子供たちなどを共に教えた。ここでは幸民堂の実態について可能な限り検討し、さらに幸民堂を通じた様々な交流のあり方を明らかにしていきたい。

幕府領の陣屋元に置かれた教育機関として著名なものに、美作国久世陣屋元の典学館や備中国笠岡陣屋元の敬業館がある。(1) いずれも代官早川正紀が寛政年間（一七八九—一八〇一）に民間有志と協力して開設したもので、学校敷地・学田の年貢を免除されたり、教員が役所から俸禄を受けたり、「久世條教」という代官著作の講読を義務付けられたりするなど、役所の保護・監督下に置かれた。これらは、経営主体が個人ではなく、何らかの形で支配権力の許可や保護を受け、成人と子供の双方を対象とするという特徴をもつ郷学に分類されている。(2) 一方、中之条代官所には、このような郷学は存在せず、幸民堂は個人が設置した寺子屋にすぎなかったが、陣屋元に所在したこととかかわって役所との関係も見られた。銀右衛門は幸民堂で手代の子供たちを教える他、幕末には「教学人」に任じられて役所に素読の状況を報告したり、門人に役所の素読吟味を受けさせたりしている。このような幸民堂に関するモノグラフを、幕府領における多様な教育機関の一例として提示しておくことに一定の意義があると考える。

また、銀右衛門は教え子とその親を中心に多くの相手と書状をやりとりした。そこには陣屋元村を中心とした文化・情報面でのネットワークを見ることができるが、(3)今回はかつて中之条役所に勤務し、その後、転任した手代等とのやりとりについても見ていきたい。この点に関連して、高橋章則氏は、頻繁に転任をくり返す代官手代が、各地を移動する中で狂歌の「連」を赴任地で組織したり、遠隔地間の書物移動に関わったりなど、地域間の文化交流を媒介する役割を果たしたことを明らかにしている。(4)高橋氏の研究は、手代が文化を結びつける面を指摘していて興味深いが、ここでは、陣屋元にあって手代等と関わり合った幸民堂（銀右衛門）の側の力量に視点を置いて考えていきたい。

ここで銀右衛門家について簡単に説明しておく。銀右衛門家は、中之条役所の陣屋元である中之条村にあって、名主・郷宿の他、長期にわたり郡中代を務めた嘉十郎（源蔵）家の分家にあたる。(5)銀右衛門自身は、村役人経験が豊富なわけではないが、天保年間（一八三〇―四四）に入札によって組頭を務めたり、(6)慶応三年（一八六七）には中之条役所が設置した生糸改所の肝煎を務めたりなどしている。安政六年（一八五九）の中之条村宗門人別帳によると銀右衛門家の持高は一三石五斗六合で、当主の銀右衛門はこの年五四歳、夫婦と倅・娘たちあわせて六人暮らしであった。銀右衛門家の本家にあたる嘉十郎家の持高は四四石八斗六升五合であった。(7)また、中之条には現在も銀右衛門の筆塚が残されている。それは明治一四年（一八八一）二月に、一等編修官従五位川田剛が撰文、同じく巌谷修が書と篆額を担当して作られた。そこには「本州中之条邨距棄姥山僅数里、有中島翁、□名蒿字貞則別号璞齋又幸民堂、為人仁厚、嗜学喜詩歌、尤工筆札伝尊円親王遺法、執贄入門者七百余人、愛慕服従猶穉（稚）児之於慈母」（中之条村は姥捨山からわずか数里のところにある。そこに住む銀右衛門は、名を蒿、字を貞則といい、その他にも璞齋、幸民堂と号した。その性格は仁厚で、学問を嗜み、詩歌を楽しんだ。また書道に優れ、青蓮院流を伝えている。束脩を納めて入門する者は七〇〇人に及び、皆が師を愛慕し、まるで稚児が慈母に付き従うようだ）などと記されており、往時がしのばれる。

一　幸民堂の概要

1　入門者の状況

幸民堂の入門者の状況を知る史料として「門生姓名録」がある(8)。表紙には「天保十三年壬寅夏六月」と記されているが、実際の内容は、天保一一年（一八四〇）三月二五日に始まって明治七年（一八七四）までの三五年間におよんでいる。これは、銀右衛門がかぞえで三五歳から六九歳までの時期にあたる。記載例としてその一部を示すと左の通りである。

【史料1】

天保十五年甲辰正月　塚田　春蔵
同　中島山三郎
同　柳沢　善治
同　青木儀重郎

同十二月　　　　　　　　　　　　　中島八次郎
同年十二月　　　　　　　　　　　　竹田浅次郎
弘化二年乙巳正月　　　　　　　　　塚田　冨治
　　　　　　陣内嶋津清助様子息
同六月　　　　　　　　嶋津　清蔵
　　　　　　同御同人娘
同　　　　　　　　　　同　お秀女
　　　　　　同前田松三郎様子息
同　　　　　　　　　　前田保次郎
　　　　　　同渋谷雄蔵様娘
同九月　　　　　　　　渋谷やす女
　　　　　　　　　　　　　改おかう

これを見ると、まず天保一五年（一八四四）正月に四人、同年一二月に二人、弘化二年（一八四五）正月に一人が幸民堂に入門したことがわかる。いずれも苗字を有しているが、この史料ではすべての人物に苗字が記されているので、特に武士身分（もしくは苗字を許可された者）を意味するわけではなく、百姓身分の者であったことに間違いない。苗字から見て同じ中之条村内の者であると思われる。一方、同年六月に入門した三人と同年九月に入門した一人は、先の七人と比較して一段高い位置に記されている。「陣内」と肩書されているように、彼らは中之条役所詰役人の島津清助・前田松三郎・渋谷雄蔵の子供たちであった。弘化二年四月に中之条代官の交代があって、同年四月二八日から川上金吾助の支配となり、渋谷は元締手代、前田が公事方（手代）、島津が手代を務めた。このように、この史料では手代の子供を百姓の子供と区別して記載している点が注目される。「門生姓名録」をもとに、幸民堂への年次別入門状況をまとめたのが表1である。

まず百姓の子供から見ていくと（A欄）、ほぼ毎年入門者があったことがうかがえ、年平均を算出すると八・〇六人である。特に安政三年（一八五六）から七年にかけては毎年入門者が一〇人を越え、一つのピークを示している。入門者の居村については、記載されていない者の方が多いが、これは幸民堂がある中之条村の者と見てよ

表1　幸民堂への年次別入門状況

※（　）内は女子の内訳

年　代	A百姓等	B陣内の者	Aのうち村名判明分
天保11（1840）	6		
12（1841）	9		
13（1842）	11		
14（1843）	1		
15（1844）	6		
弘化 2（1845）	3	4（2）	
3（1846）	6	2（1）	
4（1847）	6（1）		
5（1848）	9（4）	1	四ッ谷 3
嘉永 2（1849）	7	1	上田 1、江戸 1
3（1850）	1		
4（1851）	7（2）		
5（1852）	8		越後高田 1
6（1853）	3	1（1）	
7（1854）	5		
安政 2（1855）	4（1）	3（1）	四ッ谷 1
3（1856）	10		元上田藩士養子 1
4（1857）	14（1）		松本 1
5（1858）	12	4	塩尻 1、四ッ谷 2、不動寺 1
6（1859）	16	2（1）	四ッ谷 1
7（1860）	15（4）	1（1）	
文久元（1861）	4	5（3）	
2（1862）	8（1）		
3（1863）1)	22（1）	6（4）	四ッ谷 5、金井 2
慶応 3（1867）	5		四ッ谷 1、塩尻 1
明治元（1868）	15（2）	4（4）	四ッ谷 2、横尾 4
2（1869）2)	11（3）	2	
5（1872）	12（3）		四ッ谷 7
6（1873）	6（1）		
7（1874）	9（1）		南日名 1、金井 2、鼠宿 2
合計	251（25）	36（18）	

（出所）「門生姓名録」（中島健彦文書、4-93）

（註）1)、2) はいずれも後年分を含んでいる可能性がある。

いだろう。入門者の大半が同じ村の子供たちであった。それ以外の村名が判明する例を見ていくと、江戸一人（嘉永二年）、越後高田一人（同五年）、松本一人（安政四年）がわずかに見られる遠隔地の例で、その他は四ッ谷（坂木村の枝郷、幕府領）、南日名（同上）、横尾（幕府領）、金井（同上）、鼠宿（松代藩領）、塩尻（上・下塩尻村、上田藩領）など近隣村落ばかりであった。おおむね居村周辺の子供を集めて教えていたと言ってよい。そのほとんどが中之条役所支配下の幕府領村々であるが、この辺りは非領国地帯ということもあって松代藩領や上田藩領の村からも通う例がわずかに見られる。(9) また、入門者の男女比を見ると、女子は全体の一割を占めるに過ぎず、圧倒的に男子が中心であった。

幸民堂を特徴付けているのは、このような百姓の子供だけでなく、中之条役所の手代等の子供を引き受けて教えたことであろう。表1から手代等の子供が、不定期ではあるが数年おきに入門していたことがわかる（B欄）。具体的な入門者名等を表2に示した。ここからは代官の交代にともなって新しい手代が中之条役所に赴任し、それとほぼ同時に彼らの子供が幸民堂に入門していた様子がうかがえる。また、表1をもとに入門者の男女比を見ると、百姓の子供の場合とは大きく異なり、女子が全体の半数を占めている。手代の場合、男女を問わずに、子供たちを入門させていたと言うことができる。このように元締手代をはじめ中之条役所に赴任した役人の子供たちが、地元の百姓の子供たちに交じってここで学んだことが明らかである。

表2で注目されるのは、安政五年（一八五八）二月に入門した平野庸太郎と片岡豊吉の二人の人物である。いずれについても詳しくは後述するが、平野は後に石黒忠悳と名を改め、江戸の医学所に学び、軍医総監・日本赤十字社社長などを歴任した。この人は、手代を務めた父が早逝したため、伯父の秋山省三（中之条役所公事方）を頼って中之条に学問に来ていた。片岡は中之条役所に足軽として勤務していたが、後に代官手代になっている。二人とも幸民堂では素読を習った。寺子屋での学習を通じてその後の立身出世に必要な知識技能を身につけよう

表２　幸民堂に入門した中之条役所役人の子供たち

年月	入門者の親	入門者
弘化２年６月	嶋津清助（手代）	嶋津清蔵、同お秀
	前田松三郎（公事方）	前田保次郎
９月	渋谷雄蔵（元締手代）	渋谷やす（改おかう）
弘化３年５月	武井正三郎（元締）	武井新之助、同おなを
弘化５年３月	武井正三郎（同）	武井安（保）蔵
嘉永２年４月	増田雄右衛門（元締手附）	増田彦弥
嘉永６年11月	水野良平（公事方）	水野ふく
安政２年正月	石川賢三郎（手附）	石川豊次郎
	桂信一郎（貫目役所）	桂辰三郎（素読）、同おはま
安政５年２月	（伯父、秋山省三・公事方）	平野庸太郎（素読）（後の石黒忠悳）
	（桑山圭助・元締）	桑山勝四郎（更中沢孝作）
	（齋藤友助）	齋藤貞太郎
	――――	片岡豊吉（足軽、素読、大島又吉田と改姓）
安政６年２月	（秋山省三・公事方）	秋山保太郎
	（小島喜一郎・手代）	小島おけん
安政７年	（桑山時蔵カ）	桑山おきく
文久元年６月	（増田繁七郎・元締手代）	増田綱太郎（素読）、同おきわ、同おせい
	（牧野正作）	牧野おふさ、同政之助
文久３年正月	（吉田頤太郎）	吉田楽太郎（素読）、同おせん
	（河野曽十郎・公事方兼元締）	河野禄之助、同お秀、同おえつ、同おつう
慶応４年正月	（河野曽十郎）	河野おこと、同おたか
	（柴田民三）	柴田おかま
	（不明）	小嶋おしな
明治２年正月	（不明）	乾未之助
	（不明）	横山元治

（出所）「門生姓名録」（中島健彦氏所蔵文書4-93）、「御支配御代々記」（『長野県史近世史料編』7巻(1)603号）。

（註）親子関係が史料中に明記されていないものは、「入門者の親」の欄に親の名前をカッコ書きで記した。

としたのではないかと考えられる。

幸民堂の入門者の総数については、「門生姓名録」により具体的に名前がわかる者の数をかぞえると、百姓の子供二五〇人、陣屋関係者（手代の子供等）三六人である。先に見た明治一四年の筆塚には、「入門者七百余人」とも記されているので、実際の人数は三〇〇人から七〇〇人の間であろう。入門者の人数から見れば百姓の子供のほ

表3　安政3年（1856）幸民堂での素読の様子

名前・年齢		書　名
周　蔵	12歳	庭訓往来
才　助	14歳	古状揃・庭訓往来・大学
源　作	13歳	四書・五経・文選五
民　治	15歳	古状揃・商売往来・庭訓往来・大学・論語・孟子一
鈴木源次郎	15歳	四書・左氏伝五
紋　作	14歳	古状揃・実語教・自遣往来・庭訓往来・四書・唐詩選・古文前後集・五経・左氏伝・文選
泉　吉	——	古状揃・自遣往来・実語教・庭訓往来・四書・小学・三体詩・五経
力　弥	16歳	御成敗式目・古状揃・商売往来・自遣往来・実語教・庭訓往来・四書・小学・唐詩選・古文前後集・五経・左伝・文選
桂朝次郎		四書孝経
竹内健吉		四書五経
桂辰三郎		四書小学
片岡豊吉		四書・唐詩選・三体詩・古文集
村山元蔵		四書五経

（出所）『坂城町誌』中巻歴史編(1)をもとに作成。
（註）百姓の子供（点線より上）については8件を抜粋。

うがはるかに多く、手代の子供が学んだという特徴を持ちつつも、やはり幸民堂は寺子屋としての性格が強かったと言うことができる。

2　陣屋教学人

中之条役所では、領民強化策として素読を奨励し、銀右衛門を「教学人」に任命した。ここでは幸民堂における素読の事例を『坂城町誌』により簡単に紹介しておきたい[10]。

安政三年（一八五六）一二月に、教学人銀右衛門は中之条役所の元締手代らに対し、「右之通素読仕候」として、百姓の子供四四人と陣屋関係者五人が銀右衛門のもとで素読を行ったことを報告している。その内容を表3に示した（百姓の子供については八人分のみ抜粋）。表中、点線より上が百姓の子供、下が陣屋関係者である。まず、百姓の子供について、その年齢を見ると、いずれも一二―一六歳の少年である。彼らの学習内容は人によりまちまちだが、おおむね年上の子のほうが多く学習している傾向が見られる。庭訓往来・商売往来・実語教などといった初歩的・実用的なものからはじめて四書五経などへ進んでいくという一般的な学習傾向をここでも見ることができる。

一方、陣屋関係者の五人は、四書を中心に学習している。彼らには年齢が記されていない。このうち桂朝次郎は、森孫三郎代官配下の現役の手代である。(11) 竹内健吉は、確定はできないが森代官配下に竹内彦六という手代がいるので、その子だと思われる（ただし、「門生姓名録」には名前が見えない）。桂辰三郎は公事方手代桂信一郎の子で、安政二年八月に入門している。片岡豊吉は先述した通り、中之条役所の足軽である。村山元蔵については不明だが、豊吉と同様に足軽等として中之条役所に一時雇われて、後に江戸へ帰った人物ではないかと考えられる。(12) ここでは、中之条役所の手代の子供たちだけでなく、現役の手代や、将来手代になりたいと考えている足軽などまでもが学んでいたことに注目しておきたい。

また、安政四年三月二日には、陣内大広間で素読吟味が行われることになっており、銀右衛門は、百姓の子供一〇人と陣屋関係者五人について吟味を受けさせたいと出願している。百姓の子供の内七人は四書、同じく三人は五経、陣屋関係者（表3と同じメンバー）はいずれも四書に取り組む予定であった。

幸民堂は、代官の命令によって設置されたのではなく、また代官から免田等を支給されたのでもない、銀右衛門個人が運営する寺子屋であったが、幕末段階で陣屋の教学人に任命されたことで、そこでの教育に対する役所の管理が見られるようになった。このことは注意しておくべき点である。

二　幸民堂における学問・教育

1　石黒忠悳と幸民堂

先にも述べたように、石黒忠悳は若き日に平野庸太郎の名で幸民堂において学んでいた。ここでは石黒忠悳の回顧録である『懐旧九十年』をもとに、手代の子供の学習の様子や幸民堂での学問について検討しておきたい(13)。

かつて石黒家は越後国三島郡片貝村で裕福に暮らしていたが、祖父の代に新田開発に失敗して零落し、父は江戸に出て幕府代官の手代となり、平野順作良忠と名乗った（手代平野家を相続した）。初任地の陸奥国梁川で庸太郎（後の忠悳）が生まれ、その後も、甲斐国市川大門、同国甲府、最後は江戸で勤務にあたった（安政二年に江戸で死去）。その間、家族もともに移動したが、子供の教育にはたいへん力を注いでいる。梁川には庸太郎が三歳になるまでいたというが、早くも山本六朋（儒者、書算の達人とも）の教えを受けている。市川大門では父が招聘した江戸の儒者松井煥齋（謙蔵）の講義や著書に学んだ。六歳になり甲府へ移ると、大学の素読を天野敬亮、習字を坂本一鳳、画を竹村三陽、八歳からは剣道を坂部に学んだ。甲府では「学問御吟味」で学業優等として褒美も受けている。江戸では、書道を中澤雪城に学んだ。また、同人の父は死に際に「汝は勉強して身を立て家名を挙げ母上に孝行せよ」との言葉をのこしており、庸太郎には立身出世のための学問が厳しく課せられていた。

父が死去した後、庸太郎は一二歳と早めに元服し、代官森孫三郎の江戸役所に見習勤務に出た。それからは、朝は剣術の稽古、朝食後に役所へ出勤、役所からの帰りに「読書」に行くという生活が続けられた。しかし、役所勤務が多忙で学問がおろそかになってしまい、このままでは「一人前の士」になれないとして、庸太郎は塾へでも入って文武両道を修めようかと考えはじめる。その際に相談に乗ったのが母の弟である秋山省三であった

（母と秋山の父は、代官手附佐藤三四郎であった）。秋山は代官木村董平の手代で、中之条陣屋に赴任することになっていた。

相談を受けた秋山は、「折角今迄森の役所で勤めかけたのを止るのは惜いが、後年のことを考へると、中ノ條に行き私の家に同居して居る事は、学問する便宜も得らる、であろうから」と述べて、庸太郎とその母が中之条に同行することを許した。そうして中之条にやってきた庸太郎が学んだのが幸民堂であった（安政五年二月に入門）。そのことは次のように回顧されている。「幸ひ、其地の読書家に中島銀右衛門、号を璞齋といふ、字音に精しい人がありましたから、其人の処へ行って文選の正しい素読と、唐韻を学びました。唐韻を研究して、支那に渡り、国情を探ろうといふやうな底意もあったのです。」

2　馳川学海の巡講

また、幸民堂では馳川学海にも学んでいる。この人は、備前国邑久郡鶴海村出身の儒者で、本名を長谷川畏三郎といった。江戸の儒者萩原鳳二郎の門人で、中之条を訪れて論語・周易等の経書を講義した。庸太郎は、亡父が甲斐国で手代を務めていた際に（市川大門役所および甲府役所）、この人の世話をしたという縁で、経書についてはたいへん懇切に教えを受けたという。しかし、庸太郎は「時勢が然らしめた」ことにより「国史」に強い関心を抱いており、その点では「支那の経史に重きを置く傾向」がある馳川の講義に飽き足りなかったようである。馳川先生は「国史には浅かった」ので自学するしかなかったと厳しく評価している。

馳川については他にも証言がある。後述する片岡豊吉が、江戸からの書状で「当春も例年通り馳川先生の講業は行われているか」と銀右衛門に聞いているので（史料4）、講義は年に一度、春に行われるのが通例だったようである。かつては甲斐国の代官所をも訪れていたようなので、馳川は各地の幕領代官所を定期的に巡回しながら儒学の講義をしていたのかもしれない。豊吉や庸太郎以外にも、竹内他吉（手代）・桑山敏が、銀右衛門宛て書状でこの講義のことに触れている。特に桑山は「先般馳川学海先生惟徳館ニおゐて周易講訳（釈）被致候節、名説所々ニ沢山有之、兼而写取度申込置候へ共、生憎出立速ニ候故、乍残念一言半句も不写取得、貴様ハ一々御写取之趣承知罷在、月迫御繁雑ニ者可有之候へ共拝借いたし度、御面倒なから御遣し被下度此段相願候」と述べて、馳川が惟徳館（銀右衛門宅と推定）で行った周易講釈のノートを取ることができなかったことを残念がり、銀右衛門に講義録の借用を申し込んでいる。[14]

一方、庸太郎が教えを受けたいと切望したのは松代藩の佐久間象山であったが、「科人」には会わせられないと伯父の秋山に松代行きを禁じられた。その後、庸太郎は「国史」の学習（日本書紀、国史略、日本外史、日本政記、新論、その他水戸学風の諸書を一人で読む）を通じて勤皇心を高めていき、母を亡くしたことをきっかけに、「信州の田舎に居てはどうもならぬと考へて」江戸へ出ようと、安政六年（一八五九）に中之条を後にしたのだった。わずか一年程度の滞在だった。[15]

以上から幸民堂の教育は、立身出世を遂げようとする手代の子供の要求には十分こたえる内容のものであったことがわかる。銀右衛門の漢籍や漢詩に関する知識には定評があったと言ってよいし、また江戸から馳川学海も出張してきて経書を講義したので、伝統的な漢学については手厚い教育内容になっていたと考えられる。ただし、その一方で当時関心が高まっていた「国史」については手薄な内容だと庸太郎が指摘している。確かに次項で取り上げる幸民堂の蔵書目録（表4）を見る限り、庸太郎が読んだという日本書紀等の和史書は幸民堂に所蔵されていない。「尊皇」といった時流に即応した教育は行われていなかったようである。

表 4　幸民堂蔵書録

書　名	書　名	書　名
四書集註　後藤点	除蝗録	智恵較
大学定本	都會節用集	古今年広記
大学孝経中庸学記　四書	韻鏡諸鈔大成	早引両点集
五経　道春点	古状揃	南都名所記
孝経大義	和漢朗詠集　平かな付	こよみ便覧
孔子家語　国字解	同	暦略記
国語　韋註	御家流御成敗式目　大字	大石十八ヶ条申開
春秋左氏傳評林	風月往来	婦人手紙の文言
史記評林	農家調宝記	数術重宝記　楷梯
千字文　丘斧孝人書	鴨長明方丈記	早引節用集
唐詩選	食淫養生解	卜筮盲節
同　　国字解	救荒鄙諭	将棋駒くらべ
古文前集	救荒便覧　天保度餓饉留書	柳多留
古文後集	草木育種	生花独稽古
古文後集　余師	本膳菜配四季時服定法	三世相
蒙求	養蠶録	男女一代八卦
荘子	智嚢	塵劫記
文選傍訓	内閣秘傳字府	数術稽古本
三体詩	筆学専要集	土佐人亜墨利加洲漂流記
諸葛孔明傳註	妙々奇談	漂流人口書留　志州鳥羽ノ船人
小学	寺子制誨之式目	田宮物語
大広益会玉篇	地方心得書	朝鮮征伐記
文選字引	壱銭職分由緒	諏訪之本地
早引字彙	弾左衛門善七出入一件	三ツ物揃
聖学問答	政談	亜墨利加呈書　同御返翰案書
六経略説	御普請明細帳	異国呈書和解　魯西亜返翰
譯文筌蹄　前後二篇	高反別取調書上帳	大武鑑
習文録甲乙判	信濃国埴科郡中之条村三ヶ所御林帳	万代宝鑑
詩語碎金	御触書	書籍目録
音訓国字格	阿蘭陀文字　合日文	書画集覧
草書淵海	朱子家訓　附録弟子職外	今古仮名格
字音かなつかひ	諸国碑銘	和漢年歴箋
草字千家詩	古今算法記	風俗文選
無門関	新編塵劫記	去来抄
書翰初学抄	七夕の歌つくし	鶉衣
米家書訣	圓光大師小伝	俳家奇人談
異體字辯	敝帚帖	増続山乃井
経書字辯	弘道舘記并一斉老人送別文	俳諧多識篇
發字便蒙解	笑堂福聚	奥の細道
朶雲帖	天象類略説	俳諧七部集
和歌菜の始　石摺物	水練筆談	
尊圓親王古今和歌集序法帖		

（表４つづき）

書　名	書　名	書　名
故人五百題	謡本	告志編　斎明（昭）卿
芭蕉翁句解参考	女庭訓	景山君建白
おたまき	女孝経　女大学	斎昭卿建白
俳諧線衣	柳公権玄秘塔碑銘　法帖	東照宮百ヶ條
いろはきれ	夷人来舶一件	地方心得書
白雄夜話	魯西西（亜）船渡来一件	落穂集
和歌三鳥三木之伝	海防八策　佐久間氏上書	地方大成
俳諧諸書抜写	水府公御内書	材木尺貫書
古今俳諧明題集　冬之部	鄂羅斯船大阪江渡来一件	御普請明細書
麦林集　春夏之部	詩経余師	公事留書
続俳家奇人談発句抜写	幼学詩韻	武用弁略
俳諧新五百題	語孟字義	獻可録
俳諧寂栞　長翠書	論語疑弁	義士御裁断書
同書	周易伝義	縣官交替録
三家発句解	朝鮮俗話	明和度書上扣
正風伝	外桜田騒動一件留書	天保飢饉書留
昼錦抄	水府景山君御建白　写本	政談
類題集抜写	七書　鼇頭	公裁録
俳諧廻文百韻	信濃一ヶ国高帳	上田藩留書
俳諧百一集	大日本国図　分間	大成論
てにをは紐鏡	准南子	千曲の真砂
古今発句抜萃	通語	日文
三條語意格全図	孝子経	二千文
白雄の書発句聯句	古史通	五国條約
聯句大意	万葉考　別記共	三国志　漢伝
芭蕉翁行脚の掟	五事略	合刻四書
本朝三字経	漢字三音考	虚字啓蒙
和漢皇統記	冨貴の種まき	作文志彀
神相全篇	武埜燭談	語孟字義
六諭衍義　漢文	十八史略	大学定本
揚子方言	おらか春　一茶句集	芸林摘葉
楠正成軍監書	日本史略	三字経
雅言仮字格	信濃村名尽	小往来物
助語辞	同　　高附	和歌八重垣
田舎荘子	武家年中行事	新井流易秘傳
地球万国図	庭訓往来捷註	家相傳
信濃国絵図	五国條約	中臣祓注解
神君御教帖	瀬田問答	幼学詩韵
婚礼略式	南畝筆記	詩工椎鑿
大地震諸家御届書	大学或問	詩韵含英
杏花園随筆	北海随筆	三重韻
古今和歌集序　尊円法帖	海国兵談	正続文章軌範

（表4つづき）

書　名	書　名	書　名
作文率	古今和歌集	林氏天海論
大阪繁昌詩	女訓孝経	易学小筌
庭訓往（来）諸鈔	てにをは紐鏡	方宅明解
近思録	俳諧袖定規	文昌帝陰騭文
蝦夷志	四季物語	源氏小鏡
伊勢物語聞書	歌道讀方和哥海	冠字例
晩唐千家絶句	狂歌初心集	諸侯方上書扣
作文志彀	嚢中錦心	御裁許書付類
虚字啓蒙　詩用虚字	用文章	落穂集
梧窓謾筆	碁経	諸願書之扣
玉あられ	同衆妙	問合書
大学或問　経済辨	囲碁専要集	詩文押義要畧
おあん物語　おきく物語	助語審象	千字文写本
采女玉章	奕図	教草
春樹顯秘抄	嘉永五百題	見聞誌
明和度御廻米一件	丁未運氣考	越後国大繪図
我喜集説	名乗即監	南方海島志
和歌八重垣	名乗字引	三國通覧
百人一首解	寐惚先生詩	

（出所）　中島健彦家文書4-97。

3　幸民堂の蔵書

幸民堂の具体的な教育内容について知りうるまとまった史料が見当たらない中、幸いに蔵書目録が残されているので[16]、ここではその検討を通じて幸民堂の学問や教育の様子を垣間見ることにしたい。この史料は、本文冒頭に「蔵書録　幸民堂」とあり、年代は記されていないが、内容に「五国條約」などが含まれているので幕末のものと考えられる[17]。その内容を表4にまとめた。ここに見られる書目は全部で三〇六ある（ただし、同じ書名が複数記されている例があり、それも数えた）。蔵書の内容については多様としか言い様がないが、次の点だけを指摘しておきたい。①経書・漢詩等の漢学系の書物がかなりの数を占める。それらの中には「余師」[18]など初学者が学ぶためのテキストも含まれている。②俳諧関係の書物もかなりの比重を占めている。この地域では、加舎白雄とその門人虎杖庵天姥の影響で、俳諧が「中流階級以下の庶民文芸として」広く親しまれた。俳額も多数残されている。[19] 幸民堂で学んだ者たちも俳句の読み手に加わったことであろう。③算術書（古今算法記・塵劫記等）や実用書（農家重宝記・草木育種等）も見られる。この地域では和算が盛んであった。先に見た漢学ばかりでなく、実用的な知識も重んじた教育が行われていたと考えられる。④地方書（地方心得書・落穂集等）に加えて古文書（御普請明細帳・高反別取調書上帳・信濃国埴科郡中之条村三ヶ所御林帳等）も目録に収められている。銀右衛門の村役人としての立場を反映している。⑤情報を書き留めたもの、いわゆる風説留も多い（露西亜船渡来一件・外桜田騒動一件留書・水府景山君御建白等）。後述するように、銀右衛門は書状を通じて、江戸や各地の代官所に転任した手代と交流を続け、様々な情報を集めていた。それらの情報を書き留めたものを、蔵書目録に入れているところに、銀右衛門にとって情報がいかに価値あるものと認識されていたかがうかがえる。⑥女子用のテキスト（女庭訓・女孝経・女大学等）も複数見られる。

三　書状を通じた交流

1　元締手代渋谷雄蔵と娘やす

ここからは書状を通じた、教え子やその親との交流について見ていく。渋谷雄蔵は、弘化二年（一八四五）四月に中之条代官川上金吾助の中之条詰元締手代として当地に赴任した。「門生姓名録」によると、同年九月に娘やすが幸民堂に入門している（表2）。その後、雄蔵は同三年五月に御影詰元締手代に転任した。この御影陣屋は、中之条代官支配の出張陣屋で、中之条から東へ約三〇キロ離れた場所に位置している。その後、雄蔵は、確実なところで嘉永四年（一八五一）には同じ川上代官（大坂谷町代官に転任）の江戸詰手代を務めていた（『県令集覧』）。川上代官が大坂に転任したのは嘉永元年中のことなので、雄蔵もおそらく同じ時期に当地を離れたものと考えられる。雄蔵一家が中之条で暮らしたのはわずか一年、その後の御影陣屋詰も含めても信濃で過ごした期間は、おそらく三・四年程度だと思われる。しかし、御影や江戸へ移った後も、銀右衛門と雄蔵一家の交流は、雄蔵が死ぬまで続けられた。

善光寺地震と見られる地震の記述があるため弘化四年（一八四七）のものと推定される八月一三日付の雄蔵から銀右衛門に宛てた書状がある。(20) この時点で雄蔵は御影陣屋にうつっていた。そこでは、雄蔵の娘やすが疱瘡にかかり難儀したが、今は無事快方に向かっていることを知らせ、銀右衛門から見舞いに贈られた薩摩芋の礼を述べている。そして、右の事情で手習いは休んでしまったが、ようやく平常に復してきたのでこれからは「清書」をお願いすると述べている（「追々清書も御頼可申候」）。この部分は、娘が清書したものの添削を依頼したと考えてよいだろう。また、書状の末尾には、「其地・当方等者震動之難も無之、豊作ニ而一段之儀ニ御座候」とあり、中之条・御影ともに善光寺地震の被害も受けず、豊作になったことは何よりのことだと記し、猶々書には「八束穂の見事に揃ふ耕地哉」の一句が添えられていた。

ここでは、雄蔵が中之条陣屋詰から出張陣屋の御影陣屋詰に異動した後も、娘の手習いを銀右衛門に頼んでいた点、また、銀右衛門と手代雄蔵の間でも俳句の交流が見られた点に注目しておきたい。

次の史料は、嘉永二年（一八四九）と推定される閏四月三日付の雄蔵から銀右衛門に宛てた書状の一部である。(21)

【史料2】

殊其後娘方へ兼而御頼申置候手本被遣、殊ニ種々心得ニ相成候事共御書摺御深節《（親切）》之至り一同毎以読み大悦いたし候、御文筆とも実ニ感心いたし日々御噂申出候、娘計ニ無之我等も大ニ後学ニ相成、心も和らき候やうに御座候、安《（やす）》在宅いたし候得ハとし娘なから御返事可申進処、折あしく稽古ニ参り候間、野子ゟ御礼申進候、家内事も山々御礼申進候、其内安ゟ申進候ハんと存候、

引用を省略した書状の前半部分には、「御暇乞」（御影陣屋詰の離任、帰府時）の際にお出でいただきながら何の風情もないまま別れてしまったこと、その時のことを家族で語り合って懐かしがっていることなどが記されており、この書状が川上代官の江戸詰手代に雄蔵が転任した後のものであることが明らかである。史料2によると、雄蔵は娘の手習いのために手本の執筆を銀右衛門に依頼していた。銀右衛門が送った手本について、雄蔵は、心得とすべきことを書いていただき、親にとっても「後学」になり、心も和らぐようだと感謝の意を表している。また、やすが在宅であれば本人に返事を書かせるところだが、「稽古」に出ているのでかなわない旨が記されている（やすは江戸でも「稽古」に通っていた）。雄蔵は、江戸へ戻ってもなお、娘の教育のために銀右衛門に手習い手本の執筆を頼むなどしていた。以前の清書添削といい、今回の手本送付といい、離れた場所の間で一種の通信教育が行われていたと言える[22]。なお、この書状の尚々書には「着後御用多ニて一句も出不申、何歟名吟御出来可有之、後便為御聞可給候」と記され、ここにも俳句で交流する姿が見られた。

その後、雄蔵からの書状は見あたらないが、雄蔵の娘こうから銀右衛門に宛てた、安政二年（一八五五）のものと推定される一二月一四日付の書状が残されている[23]。先に見たやすはこの時点でこうと改名していた。包紙の上書には「御師匠様　江戸四ッ谷こうゟ」と記されている。文面を読むと、江戸の安政大地震に対する銀右衛門からの見舞い状に対する返事であったことがわかる。「まこと《誠》ニ〳〵御深《親》切様ニ御たつね《尋ね》被下候て有難く、さつ《早》速御返事申上度存候所、色々取込おり、それ故大無さた《沙汰》申上まいらせ候」などと女性らしく仮名を多用した立派な書状である。学習の効果がはっきり表れている。この書状には別紙が添えられており、そこには「父雄蔵事、長々病気之所、養生相叶す、当月五日死去致候、別段心安ふいたし候間、鳥渡御しらせ申上候」と記され、父の死が伝えられていた[24]。

2　足軽（後に手代）片岡豊吉

次に片岡豊吉が銀右衛門に送った書状を紹介する。はじめに豊吉の略歴をわかる範囲で示しておくと、嘉永七年（一八五四）一〇月から安政五年（一八五八）五月まで中之条代官を務めた森孫三郎のもとで、同人は中之条詰の足軽として勤務していた（「御支配御代々記」）。足軽は、江戸で雇用されて現地役所に連れて来られ、代官所からの給金と郡中入用からの足し金で生計を立てる者であり、手附・手代とは一線を画す低い立場の者であった。(25) 森代官の退任にともない、その手代たちと同様に同人も中之条役所を去ったと考えられる。その後、『県令集覧』には、文久元年（一八六一）今川要作駿府代官の江戸詰手代として大島豊吉の名が現れる。さらに同三年小笠原甫三郎岩鼻代官の岩鼻役所詰手代として吉田豊吉の名も現れている。ここで先に見た「門生姓名録」を見ると、豊吉については「片岡豊吉、大島又吉田と改姓」と註記されているので、いずれも同じ人物であることが明らかである。まとめると、豊吉は、片岡から大島、吉田と姓を変えながら、中之条代官の中之条役所詰足軽、駿府代官の江戸詰手代、岩鼻代官の岩鼻役所詰手代を歴任した。(26) 駿府代官の江戸詰手代に採用される前には、江戸で浪人生活を送ったようであるが、その後、身分的には足軽から手代へと上昇を遂げたのだった。

次の書状は、（安政五年か六年）一一月一八日付のものである。(27)

【史料3】

…扨毎々御深切ニ御尋状被下、且不存寄寒中為御見舞真綿沢山御恵送被成下御礼難申究奉存候、貯置長々調宝仕候、御厚配之程深く奉拝謝候、陳者先達而中者腫物ニ而引籠居候所、当分之義ニ而早速全快仕候、此節者平生之通ニ御座候間少も御案事被下間敷候、

○小十人杉浦卯之助与申人県令内願ニ而、此節彦根公江取入至極首尾宜趣、同人当時骨折最中ニ御座候、此人成就いたし候上者木村親司始メ私共迄請込積ニ御座候、此段極内実鳥渡乍序御吹聴申上置候、此儀者御他

言御無用ニ可被成下候、併長々浪居致候而も御前之志者打捨不申筆算を専ら執行仕候、御笑察可被下候、…

史料の主な内容は以下の通りである。①銀右衛門は、豊吉が江戸に戻った後も、その様子を心配して「尋状」を頻繁に送ったり、寒中見舞として真綿を送ったりしていた。②豊吉は腫物のため自宅療養していたが全快した。③小十人の「杉浦卯之助」が代官（「県令」）になりたいと大老井伊直弼に内々に願っており、この工作が上首尾に運んでいる。この人の願いが成就すれば、「木村親司」はじめ豊吉たちも皆引き受けてもらうことができそうだ（この部分は、杉浦が代官に任用されれば、その下で木村も豊吉も手代に採用される見込みだとの意にとることができる）。④今は長い浪人暮らし（「長々浪居」）をしているが、銀右衛門に教わった志を忘れず筆算に励んでいる、などである。

ここでは、特に③と④の記事が注目される。③で井伊に代官への任用を内願したという杉浦卯之助については、代官辞典類にその名が見えない[28]。杉浦の希望はおそらくかなわなかったのであろう。ただし、小十人から代官への任用は当時珍しいことではなく、西丸小十人や小十人組頭等の番方から代官に任用される例は勘定所に次いで多く、代官粛正時や幕末にはさらにその比重を増したという[29]。実現こそしなかったものの、まったく脈のない話でもなかったと考える。豊吉とともに、杉浦の下で手代に任用されることを望んでいた木村親司についても、『県令集覧』等に名前が出てこないので、願いが聞き届けられたとは思えない。後に見る豊吉の手代就任は、これとは別の事情で実現したと考えられる。

また、④については、史料中にはっきり「浪居」と記されており、中之条役所で足軽を務めた豊吉が任を終えて江戸に戻った後、しばらくの間無職であったことが明らかである。この後、どのようにして今川要作駿府代官江戸詰手代に採用されたのかははっきりしないが、書状の中で「幸民堂で教わった志を捨てないで筆算に励む」と述べているので、同人にとっての学問は就職に結び付くものとして少なからず意識されていたのではないかと考えられる。そのことは、かつて中之条で勤務し、当時は森孫三郎代官の川俣陣屋詰手代となっていた織田（竹内）他吉も、慶応元年（一八六五）と推定される銀右衛門宛て書状の中で「片岡豊吉ニも江戸出府後者結構罷成、追々書状窺候義実ニ仕合差向申候、同人も全く先生之御蔭ニ而之次第与奉遠察候」と述べている[30]。豊吉が江戸へ戻って浪人した後、幸いにも手代の職を得ることができたのは幸民堂での学問の成果ではないかと他吉は考えていた[31]。

二通目の書状は、（安政七年）三月一五日付のものである[32]。部分的に引用する。

【史料4】

当春両度御差立之尊翰相達拝見仕候、春暖之節御揃益御荘栄被成御座珍重之御儀奉存候、小子無異消日罷在候間乍憚御安慮可被下候、扨早春者御高作二首御送り被下、繰返し看吟仕候、何れも趣向面白出来申候、取分ケ歳暮之侍唯有案前荘老在玄々妙々素心舒、此二句者筋骨有之別而感懐之意御座候、乍失礼○一段御上達与奉存候、追々御高作も沢山御出来候半与奉恐察候、且当春ハ馳川先生者未夕御地江者御出無之候哉、定而例年之通講業有之事与存候、各々御面会も御座候ハ、宜被仰上可被下候、

○旧冬中者無拠方より捌方被頼候四書捌方願上候処、早速御門人方へ御聞合被下候処、御地ハ後藤点専ら行ハれ道俊（春）点は何分望人無之趣ニ而御返却被成候、具ニ承知仕候、当時者何方も後藤点のミ行ハれ申候、毎々御配慮之段不浅奉拝謝候、…（後略）…

この書状には桜田門外の変に関する速報記事があるので（後略部分）、安政七年（一八六〇）のものであることがわかる。書状の内容は以下の通りである。①この年の早春に豊吉が銀右衛門から漢詩二首を受け取り、豊吉は「失礼ながらまた上達されましたね」などと返事をしている。さらに馳川（学海）先生が例年通りそちらで「講業」（授業）を行う際にはよろしく伝えてほしい旨を述べている（前述）。②旧冬には、豊吉が断れない相手から

四書の売り捌きを頼まれてしまい、銀右衛門に頼んでその門人たちに声をかけてもらったが、中之条周辺では「後藤点」が主流で、「道春点」の本を欲しがる人はいないため、本は返却されることとなった。後藤点ばかりがどこでも用いられていると記されている。後藤点とは、漢文訓読法の一つで、高松藩の儒者後藤芝山が四書五経に施した訓点のことである。一方、道春点とは、林羅山（道春）が、宋の新註によって施した漢籍の訓点のことである。後藤点は、道春点のように国語調にならず、最も多く世に行われたという[33]。③後略部分には、先に述べた通り、三月三日の朝に発生した桜田門外の変についての速報記事がある。そこには「…よし」、「一説ニハ」とあって、情報の出所は風聞が主となっているが、丸之内見附・田安・一橋・清水・竹橋の江戸城諸門が閉め切りとなり、各所の橋や渡船場も厳重に警備されている様子や、井伊家と水戸家の間で戦闘が始まるのではないかという危機感を江戸の人々が抱いていたこと等が記されている。

以上、①と②から豊吉と銀右衛門が、漢詩・漢籍を通じて交流を続けていた様子がうかがえる。また、江戸の豊吉の周囲はもちろん、中之条の銀右衛門の周囲にも漢籍を購入する仲間が存在した点も注目される。前に紹介した手代織田他吉の書状にも「小子近作之分壱弐詩入御覧ニ候、御加筆可被下、当地も徘徊（俳諧）者流行仕候得共何分詩人無之、斧正甚困り入候次第御座候」[34]とあり、陸奥国川俣では、俳句は盛んでも漢詩を読む人がいないと嘆いている（中之条にはそれがいると暗示している）。⑤からは、幕末の変動期にあって政治情報も細かに伝えられたことがわかる。別の書状では、文久二年（一八六二）一月一五日に発生した坂下門外の変の概要と、襲撃された老中安藤信正が、翌一六日に死去したとか、瀕死の重傷だとかいう噂が流れたこと等が記されている[35]。両者の間で書状を通じて共有されるのは文化的な情報だけではなかった。ここには文化的ネットワークが次第に政治色を色濃くしていく時代の姿が見られる[36]。

最後に元治元年（一八六四）と推定される二月二日付の豊吉書状の一部を紹介する[37]。この時豊吉は、代官小笠原甫三郎が支配する岩鼻役所詰の手代を務めていた。

【史料5】

○当地者旧臘押詰迄者尓今も浪士多人数押寄乱入可致哉之風聞ニ而、賦（夫）食不安罷在候処、春ニ至り右風説も散而無之、至極穏ニ相成候間、陣内警衛人足も追々減し、当節ニ而者夜詰人足も纔ならて者詰切不申、不遠越年いたし居候、支配所内農兵も一ト先為引払候評議ニ有之候、然ル処、此度安井仲平殿・小川達太郎殿新規御代官被仰付、仲平殿者元伊東修理太夫殿家来ニ而昨年弐百俵高之御儒者被召出大学者、達太郎殿も同様之よし、当時者文武ニ無之候而者不被用世之中与相成申候、未タ場所極り不申甲府加藤との者評定所組頭被仰付、当時明き場所者甲府・桑折・中野場ニ有之、当春者大入狂ひ可相成由、当県令も至而人物宜可也之学者ニ而文武両道出来、頼母敷楽ミ居候処、品ニ寄昇身結構被仰付候哉ニ推察、何歟不成心腰懸同様ニ而落付不申、唯空敷春を送り申候、

史料の内容は、概ね次の通りである。①岩鼻役所では、浪士が多数押し寄せるとの風聞が昨年暮れまで流れており不安が漂っていたが、今春にはそのような風聞もなくなったので、陣屋警備のための人足を減らし、支配地から徴発した農兵も一旦引き払わせようと相談している。②幕府領では、新規の代官に安井仲平と小川達太郎が任命された（安井は陸奥国塙代官、小川は信濃国中野代官）。安井は伊東修理太夫（飫肥藩主伊東祐相）の元家臣で、昨年二百俵取の儒者（文久二年に幕府の儒官となり、昌平坂学問所教授に就任）に召し出された「大学者」であった[38]。小川の場合も、これと同様だという。「今は文武に優れていないと登用されない世の中になった」と豊吉は述べている。「文武」と記しているが、明らかに文にウェイトが置かれている。さらに、転任先が決まっていなかった「甲府加藤」（甲府代官加藤余十郎）は「評定所組頭」（正確には評定所留役勘定組頭）に任じられたので、後任の代官が決まっていない代官所は甲府・桑折・中野の三カ所となり、今春の人事は「大入狂い」になりそうだ。「当県

令」（岩鼻代官小笠原甫三郎）も人柄に優れた相当の「学者」で、[39]「文武両道」を実践しているので、人事の行く末を楽しみにしている。場合によっては、かなりの昇進を果たすかもしれず、そう考えると何か落ち着かない心境だと述べている。

このように勘定所の人事情報が書き送られていた。実際には、小笠原甫三郎はこの後甲府代官に転任している。『県令集覧』を見ると、慶応二年（一八六六）、同代官の江戸役所詰手代として「小森豊吉」の名が見える。豊吉は、ここでも姓を変えて小笠原代官に従って同代官の江戸役所へ移っていた。

以上より、手代になった豊吉は、片岡からはじめ姓を三度も変えている。その具体的な事情は判明しないが、豊吉の置かれた立場が不安定で、流動的なものであったことは間違いない。そのような状況下で、豊吉が頼みにしたのは、勘定所の人事をめぐる情報と経書を中心とした学問の二つであった。豊吉は、役所勤務を通じて培ったネットワークを生かして人事情報に常に気を配ることでチャンスを見出すとともに、学問にも励んでいた（そのことは平野庸太郎も同様である）。代官の人事に見られるように、学問の優秀さが求められる状況であった。手代の採用時にも学問が重視されたことはほぼ間違いないであろう。[40]幸民堂はそのような学びも支えたのである。

おわりに

最後に以下の点を確認しておきたい。

① 幸民堂は、（中島）銀右衛門によって天保一一年（一八四〇）から明治七年（一八七四）まで中之条役所の陣屋元である中之条村に設置され、周辺村々の百姓の子供たちを中心に、中之条役所に勤める手代の子供たち、ごく一部には手代・足軽等の成人も含めて教育を行った。

②　百姓の子供たちは、男女比が全体を通して九対一と圧倒的に男子中心の構成であったが、手代の子供たちは、男女比がほぼ一対一で、男女に関係なく学んだと言うことができる。渋谷雄蔵の娘やすの例のように銀右衛門は女子の教育にも熱心だった。

③　幸民堂は、銀右衛門個人によって設立・経営され、代官による助成等を特に受けていないが、銀右衛門は幕末に中之条役所の教学人に任じられたため、役所に素読の内容を報告したり、入門者が役所で素読吟味を受けたりするなど、この時期には役所による管理がやや強められたと考えられる。

④　幸民堂で学んだのは初学者の子供だけではなかった。事例は多くないが、石黒忠悳や片岡豊吉のように将来の立身出世を目指して学んだ者もいた。正規の幕臣とは異なる存在である手代であっても、その採用にあたっては学問が重視されており、幸民堂はそのような学びを支える役割も果たした。

⑤　幸民堂を終えた者たち、もしくはその親と銀右衛門は、その後も書状を通じて連絡を取り続けた。そこでは通信教育のように清書の添削や漢詩・俳句の批評が行われたり、また桜田門外の変等の政治情報や勘定所内の人事に関する情報、また各地に赴任した手代からの地域情報がやりとりされた。

その後、学制が発布され、中之条村・横尾村の両村を学区とした格致学校が設立されると（明治六年一〇月）、ほぼ時を同じくして幸民堂は幕を閉じた。

最後に、幸民堂に通う子供の大半が百姓の子供であったことを考えると、本来ならば手代以上に百姓の子供に焦点をあてて検討すべきだったと思う。今後の課題としたい。

（1）　永山卯三郎『早川代官』（巌南堂書店、一九七一年、初版は一九二九年）。
（2）　石川謙『近世の学校』（高陵社書店、一九五七年）。明治期の小学校に連続すると評価される郷学であるが、いわゆる郷学論争が展開した後も、郷学の概念規定が曖昧なまま現在に至っており、モノグラフの蓄積と郷学概念についての共通認識の確立が必要な状況だと入江宏氏は述べている（「郷学論」、『近世日本における「学び」の時間と空間』溪水社、二〇一〇年、所収）。また、寺子屋については、梅村佳代『日本近世民衆教育史研究』（梓出版社、一九九一年）などにより、近世後期の社会経済的な変動に対応した「民衆の自己形成の営為」として積極的に評価する研究が進められている。

（3）岩城卓二「歴史資料としての手紙の可能性」（『歴史学研究』九二四号、二〇一四年）は、幕府代官所が置かれた石見国大森町の問屋・酒造家の熊谷家を例に、公文書からは見えてこないスリリングな局面を手紙によって知ることができること、大森代官所関係役人を通じた様々な広範なネットワークが存在したことなどを明らかにしている。

（4）高橋章則『江戸の転勤族―代官所手代の世界―』（平凡社、二〇〇七年）。

（5）中之条役所・陣屋元村・郡中代等については、拙著『近世幕領地域社会の研究』（校倉書房、二〇〇五年）を参照。なお、中之条村の家数・人口は明治一一年（一八七八）時点で三〇二軒・一二一八人であった。同じ幕府代官所が置かれた北信濃の中野町が八五四軒・二八一八人、南信濃の飯島町が六四七軒・三三八〇人であったことと比較して、中之条村は陣屋元村としては規模が小さかった（『長野県町村誌』）。

（6）長野県埴科郡坂城町中島健彦氏所蔵文書二―六三―二―一八。以下、中島健彦家文書と略記する。

（7）長野県埴科郡坂城町中島源雄氏所蔵文書A―六―一。

（8）中島健彦家文書四―九三。

（9）この地域における所領を異にする村々の関係については、拙稿「幕末の境目地域と用水―幕府領中之条代官所・松代藩領・上田藩領の境目―」（『中央大学政策文化総合研究所年報』一七号、二〇一四年）を参照。

（10）『坂城町誌』中巻歴史編（1）、八一八頁。

（11）「御支配御代々記」（『長野県史近世史料編』七巻（一）六〇三号）、および村上直他編『江戸幕府代官史料―県令集覧―』（吉川弘文館、一九七五年）による。以下、両者に基づく情報は典拠の註記を省略する場合がある。また、後者を『県令集覧』と略記する。

(12) 村山は陣屋関係者ではあるが、『県令集覧』にはその名が一切見えない。安政七年三月一五日付の豊吉より銀右衛門宛て書状（中島健彦家文書二―六三―一―六）に「村山元蔵江之届御状直様相達」とあって、この時点で江戸で浪人中の豊吉（後述）の近所に村山がいたと見られることから、村山は豊吉と類似した性格の存在ではないかと推測する。

(13) 石黒忠悳『懐旧九十年』（石黒忠篤発行、一九三六年）。なお、本文の一部を省略した形で、石黒忠悳『懐旧九十年』（岩波文庫、一九八三年）が刊行されている。以下、同書からの引用に際しては出典を註記しない。

(14) 中島健彦家文書一―二五―九。この書状は一二月一八日付で年不明。筆者の桑山敏についても詳細は不明だが、中之条役所手代に桑山圭助・同時蔵が見えるので、そのどちらかだと推測する。

(15) その後、様々な経緯があった後、庸太郎は父祖の地である越後国片貝村に戻り、漢学を教えるなどしていたが、元治元年（一八六四）、二〇歳にして医業を志し、再び江戸に向かった。

(16) 中島健彦家文書四―九七。

(17) 中島健彦家文書にはもう一点「蔵書録」があり（中島健彦家文書四―九〇）、こちらは明治五年（一八七二）のもので、掲載書数がさらに増えている。

(18) 鈴木俊幸『江戸の読書熱』（平凡社、二〇〇七年）。

(19) 『坂城町誌』中巻歴史編（1）、八二四頁。

(20) 中島健彦家文書一―二五―二六。

(21) 中島健彦家文書一―二五―五。

(22) 同様に追分貫目改所詰手附を務めた石川賢三郎が折手本を送ってもらった礼を銀右衛門に述べている例（同人の息子は幸民堂に入門、中島健彦家文書一―二一―一―一三―二）や、石川つね（おそらく賢三郎の娘、ただし「門生姓名録」に名前が見えず）が、「二月十二日清書さし上、御なおし下され候、まいと〳〵御せわさま、三月二日ゟ相とゝき、それゆへ二とめおそく相成候」と述べている例（中島健彦家文書一―二一―一―三三）がある。後者の例では、清書を幸民堂に送って、添削後に戻してもらい、再度清書して送り返している様子がわかる。

(23) 中島健彦家文書三―六六―一―一。

(24) 中島健彦家文書三―六六―一―二。
(25) 戸森麻衣子「近世後期の幕領代官所役人」(『史学雑誌』一一〇編三号、二〇〇一年)。
(26) 後述するが、その後豊吉はさらに改姓し、「小森豊吉」として小笠原甫三郎甲府代官の江戸詰手代を務めた。
(27) 中島健彦家文書一―二五―三〇。なお、年代比定は、史料の内容から豊吉が江戸に居ると見られるので、同人が安政五年五月頃に中之条を去った後、また、本文中に「彦根公」が登場するので、大老井伊直弼の死去(同七年三月)より前であることを根拠に行った。
(28) 西沢淳男編『江戸幕府代官履歴辞典』(岩田書院、二〇〇一年)、村上直他編『徳川幕府全代官人名辞典』(東京堂出版、二〇一五年)。
(29) 西沢淳男『幕領陣屋と代官支配』(岩田書院、一九九八年)第三章。
(30) 中島健彦家文書二―六三―一二八。
(31) 他にも桑山勝四郎改め中沢孝作の例がある(安政五年入門)。同人から銀右衛門宛ての正月二日付書状(年代不明)の尚々書に「先年者厚御教示被下、御蔭を以去七日ゟ安兵衛役所御用向見習出勤被申付候間、御安心被下候」とあって(中島健彦家文書一―二五―四五)、同人も幸民堂で教えを受けたおかげで「御用向見習」としての出勤がかなったと述べている。同人は中之条役所元締手代を務めた桑山圭助の子であるが、二・三男であったのだろうか、出勤にあたって姓を変えている。引用史料中の「安兵衛」は甲斐国石和代官増田安兵衛のこと。『県令集覧』では、中沢孝作は、文久三年(一八六三)には同代官の石和詰手代、慶応二年(一八六六)には同代官の出張陣屋谷村詰手代として記載されている。同人が、幸民堂での学習の後、見習をへて手代へと進んだことがわかる。
(32) 中島健彦家文書二―六三―一―六。
(33) 「後藤点」・「道春点」ともに『日本国語大辞典』による。
(34) 中島健彦家文書二―六三―一―二八。
(35) (文久二年)正月五日付の年賀状(実際に書かれたのは同二八日)の尚々書による(中島健彦家文書一―二五―一二)。そこには、それ以外にも、浪人生活を終えて駿府代官の江戸詰手代に就任した豊吉が、役所の御用で駿府役所へ出張し、その帰りに久能山東照宮で特別に「平人」の行けない所まで拝礼したことや、箱根・江の島・鎌倉等の名所見物を楽しみながら江戸へ戻ったことなどを記している（その直後に坂下門外の変が発生した）。厚手の折紙に花押を据え、「吉田豊吉明則」と実名を記した年賀状からは、代官手代に就任できた豊吉の誇らしい気持ちが伝わってくるようである。

(36) 宮地正人「風説留から見た幕末社会の特質―「公論」世界の端緒的成立―」（『思想』八三一号、一九九三年）。

(37) 中島健彦家文書一―二五―五二。

(38) 安井仲平は息軒の号で知られる。元治元年（一八六四）二月に陸奥国塙代官に任じられ、同年八月に御役御免になった（『徳川幕府全代官人名辞典』）。古賀勝次郎「安井息軒の生涯」（『早稲田社会科学総合研究』八巻二号、二〇〇七年）によると、安井は飫肥藩士の家に生まれ、青年期に昌平黌で学び、国元に帰って学問所・藩校の教師を務めた。その後、家族とともに江戸に移り、私塾三計塾を開設した。息軒の学問は「経世済民」を重視するもので、海防等の献策をしばしば要路に提出した。そのこともあってか将軍家茂に拝謁を許され、昌平黌教授に大抜擢された。その息軒が直後に代官に任じられたのであり、これが学問に期待しての人事であったことは間違いない。

(39) 石崎康子「幕臣小笠原甫三郎の生涯」（『19世紀の世界と横浜』山川出版社、一九九三年）によると、小笠原は幼少より学問を好み、高島秋帆門下の下曽根金三郎のもとで西洋砲術を学んだり、佐久間象山と大砲鋳造を研究したりした。さらに仲間とともに江戸で私塾を開校して数学・測量の教授もしている。幕府の役職としては、浦賀奉行所与力・評定所留役助・神奈川奉行支配調役等を、この時までに歴任していた。

(40) 戸森前掲論文では、手代は仲間を形成し、代官に働きかけて新規雇用の手代を自らの仲間内から採用させることで、仲間としての共同利益を守っていたと論じている。このような手代の地位の安定化が図られる一方で、定兼学「代官手代」（久留島浩編『支配を支える人々』吉川弘文館、二〇〇〇年）が述べる通り、手代の世襲制が一般化するまでにはいたらず、流動的な状況が最後まで続いたことも確かである。改姓する手代が多く見られた理由は、このことと深く関わっていると考えられる。代官が手代を任用する際には、当人にしばらくの間見習い勤務をさせ、さらに勘定所で人物照会をしてから採用した。この採用をめぐる一連の流れの中で、人柄やスキル以外に学問の出来も試されたのではないだろうか。幕府による旗本・御家人の学問吟味についてはよく知られているが、幕府領の各地役所でも学問吟味を実施した例がいくつか見られた（橋本昭彦『江戸幕府試験制度史の研究』風間書房、一九九三年）。

〈追記〉

本稿作成にあたり史料所蔵者の中島健彦氏、坂城町学芸員（当時）の宮下修氏より多大なご助力をいただいたことに深く感謝申し上げる。また、本稿は二〇一〇—二〇一三年度科学研究費（基盤研究（C））による研究成果の一部である。当時、史料調査を支え、大学院のゼミで史料分析を共に行ってくれたゼミ参加者の諸氏に感謝申し上げる。

第四章　青山久保町に見る江戸青物市場の特質

岩橋清美

はじめに

本論文は青山久保町（現東京都港区）を事例に江戸の青物市場の特質について考えるものである。青山久保町の青物市場は矢倉沢往還（大山街道）沿いに位置していたことから、小金井村などの北多摩地域および世田谷村・渋谷村・豊沢村・代々木村などの荏原郡・豊島郡地域の村々が前栽物を持ち込む市場であり、一八世紀半ば以降、江戸地廻り経済の展開にともない、その重要性が増していった。それ故に問屋・村方・小売商人の間ではしばしば争論が生じ、その様子は天保八年（一八三七）・明治三年（一八七〇）の訴訟史料に窺うことができる。

江戸の青物市場については、史料的な制約があるものの、先駆的な研究として『神田市場史』上巻がある。[1] 神田の青物市場は多町・通新石町・連雀町・雉子町・佐柄木町一帯に広がり、江戸城で消費される前栽物を調達する青物御用を担っていた。青物とは、狭義には葉物のことで、広義には葉物・慈姑・芋類・水菓子の総称である。これらの品目のうち、慈姑・長芋・蓮根等は高級品目であり、これを扱える問屋は限定されていた。[2]『神田市場史』では、市場の成立、江戸城の需要を支えるために整備された青物役所制度の役割、問屋と近郊農村の関係について述べられているが、全体として神田市場が御用によって周辺の市場を編成する存在だったことが主張されている。

これに対し、吉田伸之氏は駒込市場を事例にその構造を分析し、「市場社会」という概念を提示した。(3)「市場社会」とは、売場と自己資金を持つ問屋とそこから商品を仕入れる仲買や小売を中心に、場所を提供する寺社、市場に付属する様々な商売人、日用層などを含めてトータルに市場を捉える見方であり、明治三年(一八七〇)の争論を分析するにあたり非常に示唆に富む。この争論では元問屋と荷主・小売商人だけではなく、町用掛や食類商人などの様々な存在の市場への関与が看取でき、その関係性は、元問屋よりもむしろ小売商人や山方(村方)荷主が主導している感がある。こうしたあり方は、幕府の御用の体系を支えるという神田市場中心の論理では理解しえない市場の多様性を示している。

また、同氏は、本芝・南品川・青山地域を、「散在する問屋が固有の仲間を形成した特異な事例(4)」として位置づけているが、これは問屋＝納人制という御用の体制に基づく市場社会の理解である。しかし、市場の発生それ自体を考えたとき、都市と村を結ぶ結節点に位置する青山地域のような形態が一般的だったとは考えられないだろうか。

また、青山久保町の青物市場については江戸地廻り経済との関係から分析を行った伊藤好一氏の研究がある。氏は、この争論を一八世紀半ば以降の江戸地廻り経済の発展にともない、近郊農村が江戸の問屋と対立しながら直接販売を実現しようとした過程と捉えている。(5)この伊藤氏の指摘は江戸近郊農村から見た理解であって、青山久保町の市場としての性格および問屋のあり方から見れば一面的な解釈と言えよう。

本稿ではこうした先行研究に学びながら、天保八年(一八三七)と明治三年(一八七〇)の訴訟を通して、青山久保町が市場に成り得た条件、さらには青物市場としての同町の特質を考察する。なお、本稿で扱う明治三年（一八七〇）の事例は、東京府の管轄下における訴訟であり、史料中には青山久保町の問屋は「元問屋」と記載されている。この点で近世期とは異なる状況下にあるとも言えるのだが、天保期以来の争点を引きついでいることから、近世後期の市場を考える上で有効な事例であると考える。

一　青山久保町の概況

ここでは青山久保町の成立および市立について概観する。

1　町の成立と市立

青山久保町は矢倉沢往還に位置し、天正十九年（一五九一）、伊賀の者に大縄地として給付された町である。「町方書上」によれば、町名は、名主佐太郎と青物問屋平三郎の先祖が武蔵国荏原郡世田谷村字久保の出身だったことに由来するという。同村には両名の先祖の屋敷跡も残っていると伝えられている。(6) 同町は元文三年（一七三八）に町方支配に編入された時から久保町と称している。(7) 町の東側には青原寺・智学院、南側には往還を隔てて梅窓院・百人組同心大縄地、西側には実相寺・持法寺・海蔵寺・出雲母里藩松平家上屋敷、北側には出羽山形藩水野家下屋敷抱添地、高徳寺があり、武家地と寺社地に囲まれていた。

同町の市立については以下のような記述がある。(8)

【史料1】

一市定日之儀者当町之内中程ニ而、市場建始年代聢と相分兼候得共、凡享保元年此より相立、四季前栽物・山

高方荷物引請売捌候もの九軒程有之、問屋と唱候而日限不申今以日々前栽物一式商売市場相立申候

但、寛政十一未年町御奉行根岸肥前守様江問屋共被召出、土物青物定御用被仰付、翌申年五月中尚又被召出、神田三ヶ町納屋御品切目御用土物・青物相納候様被仰付、今以御用相勤申候、当時青物問屋と唱候五軒之者名前左之通

平三郎

新兵衛

惣兵衛

伊兵衛

九兵衛

史料1によれば、市場が開設された年代は定かではないが、享保期頃より市が立ち、近郊農村から運ばれてくる四季の前栽物を引きうけて売りさばく者が九軒程あったという。その後、寛政一一年（一七九九）、町奉行根岸鎮衛によって「土物青物御用」を命じられ、神田市場を中心とする問屋＝納人制に編成された。このとき、青物問屋は平三郎等五軒であった。その後の青物問屋の数は、管見の限りでは、天保八年（一八三七）には四軒、(9)明治三年（一九七〇）には三軒と(10)減少している。

町内における青物問屋の位置は明治四年（一八七一）の青山久保町周辺図から窺うことができる（図1）。矢倉沢往還から入る路地に元問屋常次郎宅と平三郎宅があり、その向かいに同じく元問屋新兵衛宅が見える。問屋宅の前はとても狭く、後述するように村方から運ばれる前栽物を売りさばくためには梅窓院の境内地を借りなければならなかった。

図1　青山久保町付近図（明治4年）

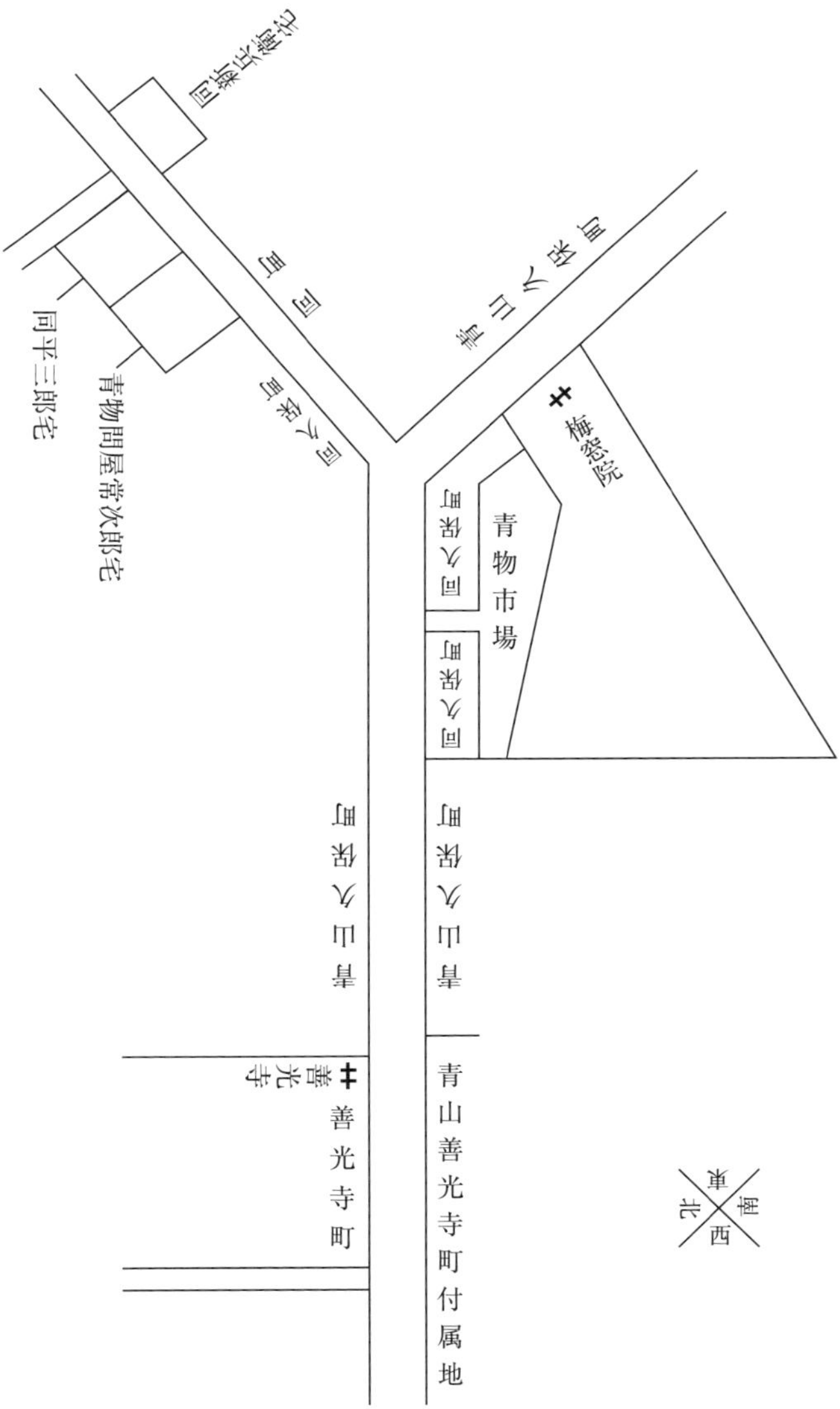

（出所）明治四年「順位帳」（東京都公文書館所蔵）

2　寛政期の変化

寛政一一年（一七九九）、町奉行所は青山久保町・渋谷道玄坂町・渋谷宮益坂・永峯町・品川台町・高輪台町・麻布北日ケ窪町・麻布六本木町の青物商人に対して業態調査を行い、問屋・仲買等の区別をつけた。これによって問屋となった者は青物御用を務めることが義務づけられ神田市場を中心とする青物御用の体制のなかに組み込まれることになった[11]。この地域の問屋は九町一六軒で構成されており、自らを「八ケ所仲間」と称していた。彼らは十五条からなる議定書を作成している。

【史料2】

仲ケ間儀定之事[12]

一御納屋御用勤方之儀は、八ヶ所三組ニ立行事相極メ、御用被仰付候節者右八ヶ所申合、切目御用御品参次第封之儘大行事江持参可仕候、大行事より御納屋御役所江相納可申候事

一御用相勤候節、御品損毛持運人足賃・御品有無御届人足賃、右之外御用向相掛り候諸入用之儀は、為冥加八ヶ所相割ニ仕、差出可申候事

一御公儀様御法度之儀は不及申、御触之趣猶又火之元大切相守可申候事

一八ヶ所最寄近辺ニ而山方直荷引請、小売商人江売渡候者有之候得は、切目御用之節御品払底ニ付、右之品物途中ニ而買取、御用御差障ニ相成候間、右躰之もの御座候ハヽ、大行事より其者江掛合、右様之始末不仕様対談可仕候、万一六ヶ敷相成候ハヽ、八ヶ所申合諸入用等迄相割ニ仕、出銭可致事

一馬荷物百文ニ付口銭八文ツヽ之事

一諸荷物百文ニ付口銭六文ツヽ之事

一恵美須懸リ等無之品は百文ニ付口銭八文ツヽ之事

一飯米代六拾四文ツ、之事
一組合之内台町・猿町・永峯・六本木・日ケ窪・下渋谷右六ヶ所は口銭古来より仕来通之事
一諸荷物仕切勘定之儀は、前々之通り丁百勘定ニ致し仕切差出可申事
一荷主駄賃附等江飯を振舞、酒代等遣し候儀は、手前荷主ニ致度存寄より古来無之候儀相初メ、仲ケ間一統難儀ニ相成候間、八ヶ所申合、右躰之始末一切致間敷事
一八ヶ所一統ハ□□（ママ）不限、口銭古来之通相守、勝手ニ増減致間敷事
一八ヶ所一統他場所江引越勝手ニ商売致間敷事
一山廻と申、荷主江進物等いたし、仲ケ間内江参り候荷物引取申間敷事
一青物商売躰古来之通相改、現金売ニ仕候、然ル上は聊上様ニ而も相滞、勘定無之仁は、其名前を張紙ニ相認メ、八ヶ所組合内江張出し、右滞相済候迄は一統取引不仕候事
右之趣八ヶ所対談之上儀定いたし、惣連印仕候、然ル上者、儀定之通聊ニ而も相背候ハヽ、大行事より其段被仰聞次第、一件相済候迄商売相休罷居、仲ケ間衆中御差図次第ニ可仕候、其節如何様ニ被仰立候共一言之儀申間敷候、為後日儀定連印仍而如件

寛政十一己未年九月吉日　青山久保町

松屋平四郎印

（他八か町一五名略）

この議定書については、既に吉田氏による研究があるため、これに基づきながら論点を整理しておきたい(13)。

「八ヶ所仲間」は三組にわかれており、「御用御品」が到着次第、それらを大行事に持参し、大行事を通して青物役所へ納めることになった（第一条）。この背景にはこれまで中央市場としての機能を果たしていた神田市場の集

表1　五番組の青物納人一覧（明治元年）

地名	納人名	備考
本芝4丁目	葛物屋伝右衛門	家持
	鈴屋五郎兵衛	家持
	鈴屋七五郎	家持
	鈴屋源次郎	家持
	鈴屋金蔵	家持
南品川妙国寺門前	和久屋太兵衛	家持
	丹波屋喜右衛門	家持
	田中屋金七	家持
	伊丹屋権右衛門	家持
	木村屋伊右衛門	家持
南品川品川寺門前	橘屋治兵衛	家持
品川台町	遠州屋嘉兵衛	家持
永峯町	越後屋重次郎	家持
下高輪証成寺門前	中村屋金十郎	家持
下高輪証成寺門前	飴屋権右衛門	家持
渋谷宮益町	尾張屋長次郎	清三郎地借
	三河屋与七	家持
渋谷広尾町	遠州屋清吉	家持
	相模屋儀兵衛	芳蔵地借
麻布広尾町	遠州屋冨五郎	家持
高輪台町	亀甲屋源七	家主
青山久保町	萬屋恒次郎	勘左衛門地借
	松屋平三郎	勘左衛門地借

（出典）「御用御青物囲所新規補理ニ付連印書上帳」
（東京大学法学部法制史資料室所蔵）

荷力が落ち込む一方で、千住・駒込・青山といった市場には多くの前栽物が集まっていたことがある。それに目をつけた幕府は前栽物の安定的な供給のために都市と村方との物流の結節点に位置する市場を統制下に置いたのである。これによって問屋が荷主（山方・村方）の荷物を引き受け、自身の売場を荷主に提供して口銭を徴収し、仲買に前栽物を販売するというシステムが成立した。このシステムの運用にあたり、第四条では八ヶ所組の近隣で荷主から荷物を直接引き請け小売商人（仲買）に売ることの禁止、第一一条では問屋が荷主に酒食を振る舞うことの禁止、第一四条では荷主に対する進物の禁止を定めている。

問屋が受け取る口銭（手数料）については、馬荷物は一〇〇文につき八文、諸荷物は一〇〇文につき六文と決められた。しかし、台町・永峰・日ヶ窪・下渋谷はこの限りではなく、従来の仕来りが認められた。

慶応期にいたり、問屋＝納人制はさらに強化された。慶応三年（一八六七）一二月、町奉行は青物納人制度の変革を申し渡し、納人に加わっていない素人問屋を一律に納人として再編したのである。[14]これにより納人は持ち場ごとに八つの組に編成され、青山久保町は五番組となった。表1は五番組の青物納人を集計したものである。本芝・南品川辺りの問屋は家持層が多いのに対し、青山久保町の問屋は地借であり、自前の売場を所持していない。五番組では、三六軒の問屋のうち二一軒が市場に属し、一五軒が単独に存在する「散在問屋」である。渋谷宮益町・渋谷広尾町の問屋が「散在問屋」にあたる。青山久保町の市場は南品川や本芝と比較して規模が小さく、周辺の宮益町・広尾町の散在問屋を含みこんで市場を形成していた。この点から近郊農村との関係を背景に成立した自然発生的な市場と考えられるのではないだろうか。そして、このことは後述する争論を理解する上で重要になるのである。

二　天保八年の争論に見る青物問屋と村方の対立

ここでは、天保八年（一八三七）四月に青山久保町の青物問屋と渋谷・目黒・世田谷近辺の村々との間で生じた争論を取り上げ、青山久保町の市場の特質を考えてみたい。まず、議定書の案文から争論の過程を見ていく。なお、本史料は先行研究において天保五・六年（一八三四・一八三五）あるいは同七年（一八三六）と推定されていたが、後段で取り上げる明治三年（一八七〇）の争論時の史料から天保八年（一八三七）と確定した。[15]

【史料3】

議定書案文(16)

議定一札之事

一青山百人町通り并同所教学院門前前栽物立売仕来り候処、追々増長いたし、青山久保町・渋谷道玄坂町・同広尾町・品川台町・麻布日ケ窪・同所六本木・永峰町・高輪台町都合八ヶ所問屋渡世ニ差障りニ相成候所、年行事品川台町家主源次郎・同伊之助年行事、榊原主計頭様御番所江御詔(訴詔)訴仕候ニ付、御糺之上其向々江御達し相成、厳敷御取払被仰付、然ル処村方之儀ハ前文之通り旧来仕来り候間、御差留相成候てハ一統難義至極仕候ニ付、其段去ル辰九月中明楽飛驒守様御奉行所より惣代ヲ以御出訴奉申上候所、御吟味中取扱人立入双方江及掛合、今般熟談之上議定為取替

一前栽物売捌方之義、自今以後問屋方ニて引受諸事世話いたし、無差支立売為致候筈、且場所之義ハ問屋住宅前通り手狭ニ付、往来之差障りニも相成候ニ付、梅窓院地内問屋方ニ而借受売買為致候事

一諸前栽物之内瓜・茄子・唐茄子三品之義ハ算売之間、問屋方江持参売捌見積り売ニ致し候ハヽ、立売場所江売捌候事

一口銭之義ハ荷物壱荷ニ付銭十六文ツヽ、急度問屋方江御渡候事

附、前文願村方之内代々木村・上渋谷村・上豊沢村・中渋谷村名主元右衛門組下之義ハ、口銭其外共不納得之廉有之、相外れ度旨申立候ニ付、其段明楽飛驒守様御奉行所江申立候ニ付、右村々被召呼御糺之上立売場所江不立入様被仰渡、其段御請証文差上候義ニ付、万一右村々之者共立売場所江罷越候ハヽ、問屋方箱改為立入申間敷候事

前書之通り致議定候上は往々遺失無之様可致義勿論、実意ニ渡世相続致し候様相互ニ心掛ケ可申候、若又右

議定相触候家業致候者有之候ハヽ、双方より早速立合取締り可致候、為後証一同連印為取替申所如件

青山久保町
問屋　伊兵衛
同　新兵衛
同　平三郎
同　惣兵衛
同所家主　藤兵衛
願村惣代
下渋谷村　善右衛門
上目黒宿山　藤左衛門
千駄ヶ谷　太十郎
中渋谷村組頭　源太郎
穏田村
立売人　年寄　吉之丞
青山久保町
名主　佐太郎

中豊沢村　順蔵

本史料によれば、この頃、渋谷・世田谷方面の村々が青山久保町ほか八ヶ所問屋を介さず青山百人町や教学院門前で勝手に取引を行うようになっていた。当初、問屋はこれを黙認していたが、取引量が増加したため、売買の差し止めを江戸町奉行所に訴え出た。町奉行榊原忠之は問屋場以外での取引の禁止を申し渡したが、村々はこれを不服として勘定奉行明楽茂村に出訴した。その後、穏田村年寄吉之助・青山久保町名主佐太郎・中豊沢村順蔵を立会人として青山久保町の問屋と下渋谷村他三か村の百姓の間で内済が成立した。なお、村側が勘定奉行に出訴した時期である「辰年」は天保三年（一八三二）と推定されるため、争論自体は天保三年（一八三二）以前に起きていたと考えられる。

内済の内容は前栽物の売り捌き方や口銭を定めた三項目からなる。まず、前栽物の売り捌きは問屋方で引きうけるとしたうえで、村方の立売りが許可されることになった。また、売り場については、問屋の住宅前が手狭で往来の支障になるため、新たに梅窓院を売場にすることが決められた。長青山宝樹院梅窓院は、青山南町四丁目に位置する浄土宗寺院で、関東総奉行青山忠成の子幸成の菩提を弔うために建立されたという由緒を持ち、同家の帰依を受けていた(17)。同院は大山街道に面していたため、前栽物を運んでくる近郊農村にとっても立地条件がよかったと言える。

第二に前栽物のうち瓜・茄子・唐茄子は「算売」の間は問屋に持参して売りさばき、「見積売」になってからは立売場で取り引きすることが許可された。つまり、瓜・茄子は量り売りなので問屋に持参し、値段が決まれば立売場で売ることができるとしたのである。上渋谷・中渋谷・上豊沢村の村々では、瓜・茄子は米・大麦・蕎麦に次いで生産量が多く、「見積売」になってからという条件つきであっても立売場で村方が直接、売り捌けることは重要であった[18]。

第三に立売人は口銭として荷物一荷につき銭一六文を支払うことが定められた。この内済内容について、従来の研究では、問屋は取引金額に拘わらず、取り扱い個数によって手数料を取ることになり、商品を問屋に委託して取引に関わることができなかった村側は条件付きではあるが、自らが買い手と直接交渉ができるようになったと理解されている[19]。これは江戸地廻り経済の発展という点からの評価であり、江戸の問屋が強力な主導権を持っているという前提に立っている。しかし、これは一面的な見解ではないであろうか。

天保七年（一八三六）八月にいたり、示談が成立すると、議定書の案文が作成され、村々に連判が求められた。代々木・上渋谷・上豊沢・中渋谷村は口銭徴収を不服としこれを拒否した[20]。そのため、四か村は立売場に入れなくなり、惣代たちは議定書への連判を拒否した四か村と関わらないように小前百姓に命じる廻状を出した。では、この四か村はなぜ、議定内容を不服としたのであろうか。そもそも青山久保町付近では、青山百人町通りや教学院門前および周辺の武家屋敷前で青物取り引きが広く行われていた。梅窓院は立売場の一つにすぎず、村側は大山街道沿いであれば、どこでも取り引きが可能であると考えていた可能性がある。つまり、この争論は村側が直接取り引きに向けて前進したというよりは、むしろ、これまで村側が大山街道沿いで行っていた取り引きのあり方を部分的に問屋に認めさせたと考えるほうが自然であろう。だからこそ、代々木村他三か村は、村方の意向を全面的に認めない青山久保町の市場に参入できなくてもさほど影響はないと考えていたのであろう。それは、つまり、青山久保町が問屋支配の弱い市場であり、前栽物を市場に持ち込む村側が市場に影響力を持っていたことを示しているのである。

三　明治三年の争論に見る元問屋と前栽物渡世・百姓の対立

ここでは、先述の仮説を補強すべく明治三年（一八七〇）の争論を取り上げる。天保期の争論に見られた問屋と村方の対立は明治初年に至るとさらに複雑化し、元問屋と小売商人だけではなく、寺社・町役人・食類小商人等の市場に関わる人々を巻き込んだ争論へと発展していったのである。

1　争論の経過

明治三年（一八七〇）の争論は、基本的には元青物問屋井口常次郎他二名と荷主・青物商人との対立で、その経過は以下の史料に見ることができる。[21]

【史料4】

地方壱番組
青山久保町
弐拾七番地借地
元青物問屋渡世　井口常次郎
同町
廿八番組借地
同　山崎平三郎
同町

元拾壱番借店

同　　広瀬新之助

右三人之者共青物問屋与相唱候渡世之儀ニ付、銘々居宅前道狭ニ付、往来之妨ニ可相成間、村々荷主并ニ青物売商人共江相談之上、三拾八ヶ年以前天保八酉年中其御筋江願済之上、同所禅宗梅窓院境内地借受青物市場立置、毎朝近在々より歩行荷物、瓜・大根・茄子之類持出相対立売之世話致遣シ、或者是迄問屋共方江持込候荷物者売捌直段仕切書相添相渡、数年来相続罷在候、然ル処去午十月中沢庵漬ニ相用候干大根他方より注文ヲ請候迚、右品出口江罷出、小売商人共江其段不申聞直買罷越候より、毎朝市場迄罷出候小商人共買出荷物少ニ相成候より苦情ヲ相唱追々混雑、同十一月中同町地主共初メ市場罷出、毎朝喰類之商人共取扱候得共、何分多人数之事故対談不行届、同十二月中同町拾七番地地主青物乾物渡世藤本繁次郎他両三人頭取如何之訳書面ニ相認メ、近村々四拾ケ村余り廻村連判取之、同所善光寺町江立売与相唱市場相開キ、在来問屋共方持込候荷物迄於右場所ニ引当候趣、是迄市場之儀者皆休業ニ相成、既ニ当春二月中難渋出入御訴詔奉申上候処、御取用ニ不相成段被仰渡、喰類等之小商人ニ至り候迄悉ク相歎、此段町内地主共より奉歎願度旨中年寄之私迄申出候ニ付、其段差留置村々ニ而重立候并ニ右商人共江掛合中ニ御座候、其趣意者是迄歩行荷物立売場所ニ而問屋共売捌不致様いたし、在来売場口銭之儀者何品ニ不寄荷主申分之通り省略可致、且小売青物商人一同懸合中多分入費相懸り候趣ニ付、対談相成候上者銘々立売致候地所掃除代与相唱、歩行荷物壱荷ニ付地代共銭三拾弐文受取候内、地代引去り掃除代之内四分之一永相渡可申、右ヲ以入費之未進致呉候様前書常次郎外三人之者共より申出候ニ付、事実取調候処相違無之間、善光寺町役人江右之段申聞未夕掛合中ニ御座候間、赤坂新町喜助外両人より新開仕度青物市場御下知之儀者未申上候迄御願書御留置ニ相成候様仕度此段取調奉申上候、以上

辛未三月　　右中年寄

岩崎庄次郎印

本史料は青山久保町中年寄岩崎庄次郎が長嶋喜助らによる新規市場設置願いの留保を求めた文書である。この文書から争論の経過を見ていきたい。争論は明治三年（一八七〇）一〇月、井口常次郎ら元青物問屋渡世の者たちが、他から干大根用の大根の注文をうけたことを小売商人に断らずに大量に市場に並べ、小売商人の買出荷物が少なくなってしまったことに端を発している。同年一一月、青山久保町の名主や食類商人が仲裁に入ったが、小売商人たちの数が多いこともあり和解には至らなかった。その後、一二月に入り、青物乾物渡世藤本繁次郎ら三名が近隣四〇か村の連判をとり、善光寺町に新たに市場を開設した。善光寺町は門前町として発展した場所であり、矢倉沢往還沿いに位置し、梅窓院より渋谷村方面に近かったため、前栽物を運ぶ村方にも都合のよい場所でもあった。善光寺は、浄土宗寺院で南命山と号し、信州善光寺本願上人の宿院として知られた寺院である[22]。隣接地に新たな市場が開設されたことは当然ながら、青山久保町の市場を休業同然の状況に追い込むことになった。元問屋はこの旨を東京府に訴えるも取り上げられず、窮状を見かねた中年寄岩崎庄次郎が食類商人や地主の依頼をうけて、村方の「重立候者」および小売商人と話し合いを行った。その過程で、村方や小売商人が主張したことは、①村方が前栽物を運び込んで直接商売を行う「立売場所」では問屋は売買を行わないこと、②売場の口銭は荷主の主張に従うこと、であった。また、争論中に小売青物商人との話し合いにかかった費用については、荷物一荷につき三二文ずつ徴収していた市場の掃除代金のうちから地代を差し引いた残金の四分の一をあてることが提案された。

明治四年（一八七一）六月にいたり示談が成立し、済口証文が作成された。その内容は、①元問屋は立売場所で糶売りを行わず、「歩行荷物相対売」を妨害しないこと、②荷物一荷につき掃除料・手数料として市場青物渡世（元問屋）に銭三二文を渡すこと、③山方荷物の売り捌き口銭は荷主の主張に従い、売上高一貫文につき八〇文とすること、④無尽や花会と称して頼母子講のような行為をしないこと、⑤入用品であっても小売商人に断りなく取り引きを行わないこと、が定められた。この内容は村方と小売商人の主張がほぼ全面的に取り入れられたものである。これを天保八年（一八三七）の内済内容と比べると、市場における主導権が問屋から「歩行荷物相対売」や荷主・小売商人に移行していることが看取できる。この点については、これまで、明治に入り旧来のシステムが崩壊した結果、周辺地域の百姓が前栽物を直接売買できる「立売」がようやく実現したという見方がされてきた。[23]しかし、この一件は「青物市場」という空間を多角的に捉えることを可能にする事例でもあり、そこに注目すると別の側面が見えてくるのである。

まず、第一に争論の中心が元青物問屋と村方・小売商人でありながら、町内の地主や「食類等小商人」を巻き込んでいる点である。市場には小売商人に食物を提供する「食類等小商人」の商いが成立しており、市場の繁昌は地主層にも少なからぬ影響を与えていた。まさに商いの「場」が成立していたと言えよう。

さらに、商いの「場」は青山周辺の場合、寺院を拠点として矢倉沢往還のどこにでも成立しえる状況にあった。これは、天保八年（一八三七）の争論が示す通りである。本争論においても村方や小売商人らは青山久保町に見切りをつけ、速やかに善光寺町という新たな市場を見つけている。つまり、青山周辺地域においては、そもそも矢倉沢往還沿いであれば、どこにでも市場が立つ可能性があったのではないかと思われるのである。これは、当該地域の市場が、神田市場のような御用を通じて商人たちを差配するという主導力を持つ存在ではなかったことを示している。

2　青物渡世の諸相

次に青山久保町に集まる青物渡世の者達がどのような存在であったかを見ていきたい。先述の岩崎庄次郎の願書の末尾には「善光寺町役人江右之段申聞末夕掛合中ニ御座候間、赤坂新町喜助外両人より新開仕度青物市場御下知之儀者未申上候迄御願書御留置ニ相成候様仕度此段取調奉申上候」という一文がある。[24] このとき、善光寺に新たな市場が開設され賑わっていたことは、青物渡世達を新たな市場の取立てへと向かわせることになった。赤坂裏伝馬町長嶋喜助は、善光寺町の繁栄ぶりを見て青山の玉窓寺の境内地に立売場所を設置することを東京府に願い出たのである。喜助らの出願は青山久保町にとっては更なる打撃となり、元問屋は村方・小売商人の意向を認めざるをえない状況になったのである。

喜助とともに東京府に出願したのは赤坂新町の石原利三郎と麻布龍土町の鈴木徳兵衛、及びそれぞれの町用掛であった。彼らの居住地は矢倉沢往還沿いではなく武家地に囲まれた地域である。喜助等は善光寺町に集まる「山方商人」（周辺村々の百姓）の増加にともない、同所が手狭になってきたことから広い売場を探していた。当初、青山和泉町の屋敷地を拝借することを願い出たが許可されず、町地に相応の場所がなかったことから青山の玉窓寺の境内地を売場とすることを願いでた。その後、喜助らは青山久保町の元青物問屋と村方・小売商人の争論が示談になるに及び出願を取り下げている。この一連の争論の文書には、出願の過程で東京府に提出した身元取調書が綴じ込まれている。[25] この身元取調書から青山久保町周辺の青物渡世の実態を見ていこう。

この文書によれば、喜兵衛は六一歳で赤坂裏伝馬町二丁目の長屋に家族六人で居住していた。慶応二年（一八六六）に同地に移り青物渡世を始めた。同人は「見世持」であり、「身持行状宜敷実躰成者」と評されている。石原利三郎は四六歳で赤坂新町三丁目の長屋に家族四人で暮らしていた、同地に移住したのは元治元年（一八六四）で、「青物売」として家業に出精していたという。ここから分かることは当該地域の青物売・青物渡世の者たちは流動性が高いということである。

青山久保町の市場に出入りしていたと推定される渋谷宮益町の青物売について、明治二（一八六九）年の人別

表2　宮益町における青物売

名前	家族数	年齢	生国	旦那寺	身分	店請人
五郎兵衛	3	60	江戸	曹洞宗上渋谷村長泉寺	店借	宮益町店借留之助
六左衛門	2	48	江戸	曹洞宗上渋谷村長泉寺	店借	上渋谷村金左衛門
庄兵衛	2	52	江戸	曹洞宗上渋谷村長泉寺	店借	宮益町家主武助
音吉	6	48	江戸	曹洞宗青山久保町清原寺	店借	青山久保町家主長二郎
竹次郎	3	59	多摩郡小金井村	浄土宗三田正泉寺	家持	
新助	1	59	江戸	浄土真宗宮益町妙祐寺	店借	不明
銀次郎	5	36	江戸	浄土真宗宮益町妙祐寺	店借	中渋谷村徳次郎
鉄五郎	3	27	江戸	浄土真宗宮益町妙祐寺	店借	宮益町家持竹次郎
丈助	4	52	美濃国安八郡佐野村	浄土真宗千駄ヶ谷村順正寺	店借	中渋谷村宇之助
銀蔵	5	42	江戸	浄土真宗麻布善福寺	店借	宮益町家持竹次郎
源次郎	4	41	江戸	浄土真宗宮益町妙祐寺	店借	中渋谷村金吾
音次郎	4	52	相模国高座郡小動村	浄土宗芝瑞禅寺	店借	道玄坂町家主喜兵衛
栄太郎	4	16	江戸	浄土宗麻布保安寺	店借	宮益町店借弥市
鉄五郎	3	35	江戸	浄土真宗築地海□寺	店借	中渋谷村孫四郎
冨五郎	5	48	江戸	日蓮宗麻布本泉寺	店借	赤坂新町4丁目店借豊吉
嘉兵衛	3	47	伊予国新居郡合（金）子村	曹洞宗上渋谷村長泉寺	店借	宮益町店借元吉
仙之助	7	23	江戸	浄土真宗宮益町妙祐寺	店借	青山久保町直吉

（出典）　明治2年「人別帳」（渋谷区郷土博物館所蔵）

帳から紹介しておきたい（表2）。表2によれば、同町の青物売の数は、一七軒で、町全体の家数一七七軒の約九パーセントを占め、日雇稼に次いで多い職種である。青物売は一軒を除いて全て店借で唯一の家持である竹二郎は多摩郡小金井村出身で二名の青物売りの店請人になっている。他の青物売の出身地は、美濃国安八郡一軒、相模国高座郡一軒、伊予国新居郡一軒の他はすべて江戸である。伊予国新居郡の者が含まれているのは、この地域の伊予国西条藩の上屋敷があったためと考えられ、武家奉公人として江戸に出てきた者がこの地に定着したと推測される(26)。町全体を見ると、荏原郡下北沢村・太子堂村、多摩郡中野村・福島村といった近郊農村からの流入者も多く、前栽物出荷地との関係が深いと言える。このことは世田谷地域の村明細帳の記述とも一致するところである。小金井村から移住した竹二郎家も店持であることから、そもそもは小金井村で生産される農産物の売買に関わっていた在郷商人の可能性もあると考えられる。また、青物売の中には青山久保町の住人を店請人にしている者も存在する。

青山久保町の青物市場は問屋の力が強大ではなく、問屋・仲買・小売・荷主のバランスの上に成立しその主導権は市場に集まる青物売＝小売商人にあるように見えるが、その青物売も流動的かつ脆弱な存在だったのである。

おわりに

以上、雑駁ではあるが、二つの争論を通して青山久保町の青物市場の幕末維新期の様相について述べてきた。青山久保町の青物市場は宮益町など周辺町の小売商人と農産物を運んでくる江戸近郊農村の百姓等が集まってつくられた市場である。それ故に矢倉沢往還沿いの青山付近であればどこにでも市が立つ可能性があり、寺院の境内地や往還で取り引きが行われていたことは、その証左でもある。青物市場については、これまで神田市場の動向から青物上納という身分制的な理解に立って考えられてきた。しかし、この青山久保町の事例は、神田市場とは異なる市場像を示していると言える。青物上納という身分制的な論理ではなく、市場の論理が優先されていたのではないかと思われるのである。青山久保町はそもそも小売商人と荷主の関係性で始まった市場であるがゆえに、市場における問屋の影響力が弱く、小売商人や荷主との争論が生じたのである。一八世紀半ば以降、市場における取引量が増加したため、幕府はこれを納人制のなかに組み込み、寛政一一年（一七九九）には仲間議定書が作成されるにいたった。その後の天保八年（一八三七）・明治三年（一八七〇）の争論を通して言えることは、問屋たちは神田市場の問屋のような強い主導権を持ちえず、問屋も含めた小売・仲買・荷主との共生と均衡において存続しえた市場であったということである。むしろ、こうした小売商人と荷主の関係から始まるあり方こそが市場形成の自然な形であり、江戸周辺では一般的ではなかったのかと考えられる。

（1）『神田市場史』上巻（神田市場協会・神田市場刊行会、一九六八年）。
（2）青物の個別の流通に関しては薩摩芋を分析対象とした佐藤隆一「薩摩芋取引をめぐる在方荷主と江戸商人」（『日本歴史』第四〇一号、一九八一年）、蜜柑を分析対象とした安藤精一「江戸紀州蜜柑問屋の性格」（『和歌山大学　経済理論』一二七―一三一合併号、一九七二年）、塚本学「江戸のみかん―明るい近世像」（『国立歴史民俗博物館研究報告』四集、一九八四年）などがある。
（3）吉田伸之A『巨大都市江戸の分節構造』（山川出版社、一九九九年）一六一―一九八頁、吉田伸之B『成熟する江戸』（日本の歴史一七）（講談社、二〇〇二年）二三九―二八五頁。
（4）吉田伸之B、一八〇―一八一頁。
（5）伊藤好一『江戸地廻り経済の展開』（柏書房、一九六六年）、二四八―二五〇頁。
（6）「御府内備考」巻七十二　青山之三（東京都公文書館所蔵）。
（7）同前。
（8）同前。
（9）森家文書「天保六年十一　御用留」世田谷区立郷土資料館所蔵、東京都編『東京市史稿』産業篇第五三（東京都、二〇一三年）、五八一―五一二頁。
（10）明治四年「順立帳」（東京都公文館所蔵）。
（11）註（1）、一〇一―一〇三頁。

(12) 同前。
(13) 吉田伸之B、二五二―二五四頁。
(14) 慶応三年「町奉行駒井相模守様御白州ニ而被仰渡候写」(東京大学法学部法制史資料室所蔵)、吉田伸之A、一七三―一七五頁。
(15) 『新修　渋谷区史』上巻(東京都渋谷区、一九六六年、九二六―九三〇頁)ではこの史料の成立年代を天保五年(一八三四)二月、前掲伊藤著書(二五〇頁)では天保五年(一八三四)、前掲『東京市史稿』産業篇第五三では森家文書の「御用留」の記載順から天保七年(一八三六)四月と推測している。
(16) 森家文書「天保六年　御用留」世田谷区立郷土資料館蔵、前掲『東京市史稿』産業篇第五三、五八一―一八三頁)。
(17) 『御府内寺社備考』三(名著出版、一九八五年)一六九―一七五頁。
(18) 荏原郡松原村の天明八年(一七八八)村明細帳には、夏は瓜・茄子、冬は大根を江戸へ付出していたとあり、(『世田谷区史料』第4集、一九六一年、一九六頁)、太子堂村の文化元年(一八〇四)・天保一四年(一八四三)の明細帳には青山久保町に茄子・芋・菜・大根といった前栽物を出していたことが記されている(『世田谷区史料』第4集、一九六一年、四〇八頁)。また、明治六年(一八七三)に作成された『東京府志料』によれば、上渋谷村・中渋谷村・穏田村・原宿村では茄子・番南瓜は、米・大麦に次ぐ主要な産物になっている(江戸東京博物館編『東京府志料にみる明治初期の物産一覧』東京都歴史文化財団、一九九九年)。
(19) 前掲伊藤著書、二五〇頁。
(20) 前掲『東京市史稿』産業篇五三、五八三―五八四頁。
(21) 明治四年「順立帳」東京都公文書館所蔵。「順立帳」とは東京府が明治元年(一八六八)九月から同四年(一八七一)一二月までに作成された書類を編年を基本として綴じた帳簿で一五六冊が現存する。表紙には「常務方」・「常務局」・「常務掛」・「庶務本課」とあり、これらの部署により作成され引き継がれてきた東京府の市政に関する基本史料である。事務処理上の必要からか、一部に近世期の史料が含まれている(小林信也「東京都なかの江戸―東京府文書『順立帳』から―」『東京都公文書館だより』第一号、二〇〇三年)。「順立帳」の内容細目については若山太良『順立帳目録(1)』

（『論集　きんせい』第三四号、二〇一二年）、同「順立帳目録（2）」（『論集　きんせい』第三五号、二〇一三年）に詳しい。

(22)『江戸名所図会』巻三（国立国会図書館蔵）。

(23) 前掲伊藤著書、二四九―二五一頁。

(24) 前掲「順立帳」。

(25) 同前。

(26) 吉岡孝「藩邸から見た渋谷」（上山和雄編著『渋谷学叢書　歴史のなかの渋谷―渋谷から江戸・東京へ―』雄山閣、二〇一一年）。

〈追記〉

本稿は二〇一二年二月に國學院大學で行われた「渋谷学」シンポジウム「結節点としての渋谷―江戸から東京へ―」における報告をもとに作成したものである。このシンポジウムの概要は、國學院大學研究開発推進センター編『結節点としての渋谷』（國學院大學研究開発推進センター、二〇一四年）にまとめられている。記して関係者の皆様への感謝の意を表するものである。

第五章　戊辰内乱の記録
――「大館の戦い」における軍功記録の分析――

宮間純一

はじめに

本稿は、一八六八年（慶応四）に勃発した戊辰内乱に関わる記録がいかに生成され、利用されてきたかを、「大館の戦い」という一事例から検討しようとするものである。

大館の戦いは、奥羽列藩同盟の一員である盛岡（南部）藩が、同盟を離脱した秋田（久保田）藩領内へ侵攻したことで発生した局地戦である。戦闘により灰燼に帰した出羽国秋田郡大館町（現秋田県大館市）とその周辺地域では、大館の戦いは現在まで記憶される維新の物語となっている。(1)

近年、箱石大が戊辰内乱期の史料に関する精力的な議論を行っている。箱石は、編纂物・刊本・一次史料などが渾然一体となり、丁寧な史料学的考察がなされないまま研究が進められてきた状況を問題視し、「戊辰戦争研究のための史料学」を提唱。「何が戊辰戦争における歴史的諸事実を解明するための史料になり得るのか」という認識のもとに、史料の生成過程・機能などを解明することの必要性を説く。(2) 箱石は、具体的な成果として「戦状届書」などの精緻な分析を発表してきた[3]。かかる問題提起は、戊辰内乱の研究ばかりではなく、これまで研究基盤となる史料情報を必ずしも十分に整備・共有してこなかった明治維新史研究全体にとっても重要な意味をもつ[4]。

本稿では、そのような研究の進展を視野に入れつつ、アーカイブズ資源研究[5]の手法を用いて戊辰内乱期の記録を検討したい。つまり、歴史研究のために必要な古文書学もしくは史料学的検証―その史料がいかなる性格を有しており、「史実」を語るものなのか、どのように歴史研究に利用できるのか、といったことを検討する営み―を行おうとするのではなく、記録の生成から利用までの過程そのものを分析対象とし、記録をめぐる人間の営為を明らかにすることに主眼を置く。この作業は、結果的に記録にふれた人びとにとっての戊辰内乱の意義を照射することにもつながると考える。

題材とする大館の戦いに関しては、戦前に刊行された『大館戊辰戦史』[6]が最も大部かつ詳細である。同書は、「勤王」史観の立場から叙述されたもので、旧秋田藩地域の維新史観を如実に映し出している。この点、「勤王」史観にとらわれた秋田における歴史叙述を「俗流史学」と両断した鎌田永吉の指摘[7]をふまえて、地域の歴史意識形成過程を解明した畑中康博の研究[8]や、畑中の仕事を発展させた長南伸治の成果[9]から近代の秋田における維新史観の変遷はおおよそ明らかになっている[10]。

如上の歴史意識は、まったく根拠が示されないまま創られたわけではなく、残された記録を恣意的に利用・解釈することで構築されてきた。また、そうした歴史意識が史料の伝来に影響を及ぼすこともあった。特定の歴史意識のもと、重要と認識される史料とそうでない史料とでは、保存・管理のあり方が異なるのは言うまでもない。秋田藩のケースでは、佐竹侯爵家による戊辰内乱史の編纂事業を検討した畑中の仕事[11]がそのことを示唆している。

本稿では、右のような先行研究に学びながら、「勤王」史観を証明する材料とされてきた記録について大館の戦いに焦点をあてた分析を行う[12]。特に、国文学研究資料館所蔵「出羽国秋田郡大館中田家文書」（以下「中田家文書」という）に含まれる大館の戦いの記録を主な素材とする。「中田家文書」には、大館の戦いにおける秋田藩士の軍功調査に関する記録が豊富に残されている。それらが、どのように生成され、後世においていかに利用されてきたのか、実態を明らかにしたい[13]。

一　大館給人中田家と中田家文書

まず、近世から近代にかけての中田家の概略と「中田家文書」について基本情報を確認しておきたい。

1　中　田　家[14]

中田氏は、佐竹氏の家臣で秋田藩では中士格の給人であった。中田家の当主は、代々自己の身分を「大館給人」と称している。一八一一年（文化八）に中田直道（定之助）が、藩へ提出した系図[15]には、一六世紀末頃の当主直家（左衛門五郎）が遡れる範囲では最も古い先祖とある。直家は、一五九五年（文禄四）八月一五日に佐竹義宣から常陸国内に五〇石を給され、その息子定直は、一六〇二年（慶長七）の義宣の出羽移封に従っている。移封後、定直は三〇石を与えられ、後に二〇石を加増された。定直以来、中田家は秋田郡大館（大館市）に屋敷を構え、近世を通じて同地に居住している（図1参照）。

中田家の知行地には、若干の変動があったようで、一七三四年（享保一九）時点では秋田郡花岡・摩当・山田村の内に合計三六石六斗四升一合であったのが、一八四八年（嘉永元）には、上記三か村に秋田郡釈迦内・片

図1　中田家歴代当主

直家 ―― 定直 ―― 直茂 ―― 直定

直家：生没年不明　左衛門五郎　文禄4.8.15常州中野に50石拝領

定直：？-1631　藤五郎　九左衛門　佐竹氏転封に伴い30石（のち50石に加増）、秋田郡大館住

直茂：1617-1673　藤三郎　太郎左衛門

直定：1651-1704　藤馬　太郎左衛門

―― 直澄 ―― 直常 ―― 直房 ―― 直道

直澄：1675-1733　直森　相模　藤三郎　九左衛門

直常：1707-1770　大惣治　藤三郎　茂右衛門　太郎左衛門

直房：1739-1801　直鋪　兵助　伴蔵

直道：1781-1818　定之助

―― 直贇 ―― 挙直 ―― 直哉 ―― 亮直

直贇：1808-1887　学助

挙直：1837-1914　太郎蔵

直哉：1860-1942

亮直：1886-1954　第四十八国立銀行取締役

―― 易直

易直：1919-2015　文部官僚、東京教育大学・茨城大学・中央大学教授

（出典）　1811年（文化8）「源姓中田氏系図」（秋田県立公文書館蔵、「佐竹文庫」A288.2.390）、国文学研究資料館所蔵「中田家文書」などから作成。

山・沼館・櫃先、山本郡水沢・金光寺村が加わり、合計五五石三斗三升二合となっている。以後は、一八六九年（明治二）まで変化はない(16)。近世の中田家の活動は、史料の残存状況から不明な部分も多いが、右の知行地にて村々の百姓を対象に貸金業を営んでおり、武士身分でありながら「高利貸附業者」としての性格も有していた(17)。

幕末から明治初期にかけての当主直贇（学助）は、一八五九年（安政六）に藩命によって蝦夷地警備にあたった(18)ほかは、目立った事蹟は見当たらない。その息子太郎蔵（挙直）(19)は、中田家の歴史において「中興の祖」とされる。太郎蔵は、大館の戦

表1　中田挙直略歴

元号	年	西暦	月	日	経歴
天保	8	1837	4	14	出生
嘉永	5	1852			郷校博文書院講師（秋田藩）
安政	3	1856			郷校博文書院教授見習（秋田藩）
慶応	4	1868	8		槍隊組頭、銃隊組頭（秋田藩）
明治	4	1871	2	22	大館卒予備裨官試補（秋田藩）
明治	7	1874	10	17	第二大区一小区副戸長申付（秋田県）
明治	7	1874	10	19	依願により第二大区一小区副戸長差免（秋田県）
明治	8	1875	11	30	家督を継ぐ
明治	17	1884	7	30	大館町町会議員当選（辞退）
明治	22	1889			大館町町会議員当選
明治	32	1899	10	5	田地買入及管理監査人（佐竹侯爵家）
明治	33	1890	11	4	大館町長当選
明治	33	1890	11	10	大館町長辞任
大正	3	1914	1	29	死去

（出典）　国文学研究資料館所蔵「中田家文書」、笹嶋定治編『大館戊辰戦史』（藤島書店、1918年）などから作成。

表2　中田直哉略歴

元号	年	西暦	月	日	経歴
万延	元	1860	閏3	28	出生
明治	3	1870			郷校博文書院に学ぶ（～1872）
明治	6	1873			久保田寒松館塾にて漢学経史修業（～1873）
明治	8	1875			大館石垣又兵衛につき漢学経史修業（～1876）
明治	9	1876			秋田師範学校中学師範予備科（～1878）
明治	12	1879			上京して中村敬宇が主催する同人社に学ぶ（～1882）
明治	16	1883			東京同人英学校教員（～1884）
明治	18	1885	6		北秋田郡百ヶ町村聯合会書記
明治	19	1886	9	6	秋田県属
明治	20	1887	10	25	秋田県文官普通試験書記
明治	20	1887	10	28	第一部文書課兼務
明治	21	1888	9	21	郡長試験書記
明治	30	1897	5	24	秋田県由利郡長、高等官八等
明治	30	1897	8	20	正八位
明治	31	1898	11	14	高等官七等
明治	31	1898	12	22	従七位
明治	34	1901	4	20	正七位
明治	35	1902	7	14	秋田県仙北郡長、高等官六等
明治	38	1903	12	22	勲六等瑞宝章
明治	43	1909	5	5	大館町長
明治	45	1912	3	16	大館町長退任
大正	4	1915			秋田県会議員就任
大正	8	1919			秋田県会議員退任

（出典）　国文学研究資料館所蔵「中田家文書」、秋田魁新報社編『秋田人名大事典』（秋田魁新報社、2000年）から作成。

いで「槍隊組頭」・「銃隊組頭」に任命され、最前線に赴いた。戦後、軍功を評価され、藩主佐竹義堯から小銃を下賜されている。[20] その後、太郎蔵は藩庁に登用され、廃藩後は地主化する一方で、大館町会議員や大館町長などの公職も務めた（表1参照）。[21] また、旧秋田藩士たちから出資を募って購入した佐竹侯爵家の「御田地」の管理を行うなど、旧藩社会でも重要な役割を担っていく。[22]

挙直の息子直哉は、表2の略歴に示したように、秋田県の官吏となり、以後、由利郡長・仙北郡長・大館町長を歴任し、最終的に秋田県会議員に就任している。また、一九一八年（大正七）の米価高騰や翌一九年の大館大火に際しては、多額の救援金を町に寄附し、一九二一年には「公衆会同ノ便益ト其休養慰安ヲ計ル」ことを目的とした財団法人衆楽園を私財を投じて設立するなど、「名望家」としての地域への貢献を強く意識するようになる。[23]

中田家は、太郎蔵の代に「名望家」としての基礎を築き、直哉の代にさらに蓄財しつつ、地域のリーダーとしての地位を確たるものとしたといえる。

2 中田家文書

中田家に伝わった数千点の文書群の大部分は、国文学研究資料館が所蔵・公開している。[24] これは、一九五〇年（昭和二五）に、国文学研究資料館がもつ史料の保管・公開機能の前身に位置づく文部省史料館へ、中田直哉の子にあたる亮直が寄贈したものである。亮直の子易直は、日本近世史研究者であり、文部省史料館設立段階から文部省職員として深く関わっている。「中田家文書」が、史料館に寄贈されたのもそうした経緯によると考えられる。[25]

一九七一年には、大館市史編纂事業の一環として「中田家文書」の調査が行われた。大館市史の編纂には、易直（当時中央大学文学部教授）も携わっていた。調査の成果は、ほかの文書群とともに目録として報告されている[26]。他方、寄贈されずに中田家で保存された文書があった。それらは、易直が東京都新宿区西落合の自宅で保管していたもので、内容は江戸時代の判物や太郎蔵の辞令など「家」として重要と考えられていた文書であった。このうちの若干分は複製され、一九八二年に易直から国文学研究資料館史料館（現国文学研究資料館）へ追加で寄贈されている。

二〇一五年（平成二七）に易直が逝去した際、中田邸には大量の研究資料とともに右の家文書が遺された。近世文書の大部分は、西落合の中田邸が処分される際に流出したが、明治期以降に作成・取得された文書の多くは易直が理事を務めていた三井文庫に移動・仮置きされた。国文学研究資料館は、それらのうち家伝来の文書数百点を二〇一七年に追加で受け入れた。また、易直の研究関係文書は部分的に中央大学広報室大学史資料課に寄贈された。

本稿では、「中田家文書」のうち二〇一七年七月時点で国文学研究資料館にて公開されている分を利用した。

二　中田太郎蔵「争戦始末取調書」にみる軍功記録の性格

次に、中田家と大館の戦いの関係をみておく。すでに述べたように、大館周辺の戦闘に参加したのは当時の当主中田直賛ではなく三二歳の壮年であった息子の太郎蔵である。大館の戦いにおける太郎蔵の動向の詳細を記した史料は、一八七〇年（明治三）に自身が作成した「争戦始末取調書」[27]が管見の限り唯一のものとなる。これは、本稿で検討する軍功記録の一つである。

次節でも述べるように、この史料では必ずしも史実が述べられているとは言い難い。だが、太郎蔵が内乱における自身の「功績」をどのように他者へ提示しようとしたか、ということを知るには絶好の材料である。ここでは、「争戦始末取調書」で太郎蔵みずからが描く内乱での活躍を紹介するとともに、軍功記録の性格を確認しておきたい。

一八六八年（慶応四）八月九日に、盛岡藩勢は領地を越境し、奥羽列藩同盟を離脱した秋田藩への攻撃を開始した。盛岡藩領との境界に位置し、攻撃の標的とされた十二所（現大館市、以下本節で登場する地名はすべて現大館市内）城代茂木筑後を支援すべく、太郎蔵は同じく藩士の根本幾之助とともに槍隊組頭に任命された。十二所へ向かう途次、目的地の方角に火の手が上がっているのが見えたが、さらに進んだところ茂木筑後配下の兵士と遭遇し、太郎蔵は十二所が落とされたことを知った。その後も、戦局は秋田藩側に不利に展開し、太郎蔵率いる部隊（以下「太郎蔵隊」という）も後退を余儀なくされた。太郎蔵隊の初会戦は、十二日のことであった。舞台は、米代川北岸の山館村周辺である。その模様は左の通り。

同十二日、暁天扇田ニ而争戦始リ山王坂ニ備へ、筑後手御粟大内蔵・石井助右衛門と歳之助私都合四隊進撃、筑後二隊共山館村辺ニ而争戦仕、歳之助山館山根辺ゟ進撃仕、私一隊深霧ニ紛出、山館山林辺伝ニ険難を忍襲入敵之後江突出、歳之助と挟討之計算ニ而深入仕候所、卒然左区ゟ鉄丸雨之如く来リ、殊ニ険地木立原深霧ニ而難除之所、組子之内青柳外記真先ニ繰込之敵陣を突破リ賊三人討留、七人ニ為手負勇奮戦死、中田易太郎苦戦討死仕候内ニ歳之助隊ゟも手繁く発砲致候ニ付、賊兵引去リ夫ゟ歳之助隊江合併仕候処、津軽応援対馬寛左衛門一中隊到着ニ付三隊会軍山館村向迄進軍、此時源三郎中隊餌釣沢口ゟ進軍達巻之気勢相示候所、賊軍遙ニ逃去、又々山王堂坂上ニ番兵仕候、討死働振り左ニ申上候

青柳外記

右者真先ニ繰込、姓名を呼ハリ群駕敵中江槍ニ而突回リ、賊壱人を斃し五人ニ為手負、夫ゟ太刀抜払多勢を

相手ニ致、又壱人を討留弐人ニ為手負、其身も数ヶ処之疵を冒なから猶短兵接戦、又壱人を組敷討留都合三人討留七人ニ為手負、飛槍之中ニ勇奮戦死仕候

中田易太郎

右者銃丸発散中大勢ニ被取囲苦戦討死仕候

この戦闘で太郎蔵隊は、青柳外記と中田易太郎の二名を失うなど手痛い敗戦を喫する。太郎蔵は、一七日に槍隊組頭から銃隊組頭となったのち、二〇日には大館城下への引揚げ命令を受ける。戦局が、好転しなかったため軍将佐竹九郎（佐竹西家当主、大館城代、大和・義遵）は城下に火を放ち一時撤退した。これにより、大館城下の家屋五九〇軒および土蔵・木屋・役屋・寺院など合わせて一五〇棟ほどが焼失したとされる。(28) 秋田藩勢が態勢を立て直し、弘前藩などの後援も得て反撃に転ずるのは、九月二日のことである。以後、戦況は好転し、六日に秋田藩勢は城地を奪還することになる。

「争戦始末取調書」の性格をより理解するために、秋田藩勢が攻勢に出る九月二日の記事も引用しておこう。太郎蔵隊は、同日中に三度の戦闘に参加している。

同二日暁天、本道へ押出候所先手戦争始高地森へ駆登候処、已ニ根本源三郎・二階堂鴻之進二隊深入苦戦致、賊兵岩瀬留山ゟ山手伝ニ二隊ノ後ニ随ヒ進るを小城藩軽卒隊入替リ山上ゟ発砲罷在候故、私隊も合併仕、追々別隊ゟ岸慎三及ヒ羽生竹之助等相加リ較久敷争戦中、組士古内類助鉄炮ニ而賊壱人討留、外ニ討留候得共誰討留候哉相分不申、石井寅之介手負仕候、九ツ時頃ニ至益々烈戦致候所賊敗走、即追撃小城大砲隊と同様岩瀬村賊巣へ魁乗入候所、先鞭一着大和馬廻リ山田勇三郎等両三人前路ニ出是と合併相進候所、追々本道ノ惣軍一斉餅田村辺へ押詰、私隊八方山ゟ砲発二ツ山根拠ノ賊を即時ニ追落ス、此時八ツ時也、即片山野ニ出追撃、同村神明社内ニ而七ツ時頃ゟ暫く発砲攻撃、半隊前面ノ田ノ中江進ミ散布、前田常治私同様其

先ニ進ミ発砲苦戦仕候得共、前面并ニ右脇本道の賊烈敷発砲、両方ゟ来丸雨の如ク、殊ニ本道ノ賊深ク進来リ、追々後ろゟ飛丸来り苦戦中、思わす半丁許引退候折柄、本陣ノ揚貝有之、餅田村江引揚申候、此日之処ニ而三戦中手柄・手負委細左ニ申上候

解兵後今右衛門トナル
古田類助

右者早口村高地森合戦ニ而賊壱人鉄砲ニ而打留申候

石井寅之助

右者同所合戦中鉄砲ニ而股被打手負なから数刻憤激発砲仕候

後中田氏ニナル　藤田五郎治

右者片山下田面ニ而合戦之節、真先ニ進飛丸を冒苦戦仕候

太郎蔵隊は、九月二〇日に解兵するまでの間に、右のような大小の戦闘を計一七回繰り返した。そのうち、一四回は「苦戦」し、三回は勝利を得たとされている。右に引用した二度の戦闘場面から明らかになる同史料の最大の特徴は、部隊の行動が逐次詳細に記されるとともに、戦闘における手柄と犠牲（死者・負傷者）が、個人名をあげながら具体的に説明されていることにあろう。そのなかでは、戦闘が困難かつ激しかった様子が叙述された上で、兵士たちの戦いぶりが「勇奮戦」・「憤激」などの言葉で装飾される。このような、戦績の誇張は、いうまでもなくみずからの功績を証明し、その対価を要求するために作成される軍功記録ならではの書きぶりである。この記録は、『大館市史』など戦後の歴史叙述でも活用されているが[29]、客観的な戦争記録を目的とするよりも戦績証明を優先して叙述された史料といえる。

三　軍功記録の編纂

中田太郎蔵以外にも、大館の戦いに参加した人びとの軍功記録は作成されている。それらは、藩主佐竹家の命令により調製・提出されたものであった。秋田藩で戊辰内乱の軍功調査が開始したのは、一八六八年（慶応四）八月のことであった。「御賞罰之儀ハ重大之事件」であるとして、「無依怙贔屓精細遂吟味、其刻々取調可申立」との指示が、各戦線の責任者に出されている。[30]これは、同月に新政府が諸道総督以下に軍功の取調命令を出したことに付随する動きと考えられる。[31]新政府は、一八六九年（明治二）二月に軍功賞取調御用掛を置き、調査を本格化するが、[32]秋田藩では一八七一年七月の廃藩にいたるまで継続して調査が行われた。

大館の戦いに関しては、一八六八年中に藩主佐竹義尭から大館城代佐竹九郎へ軍功取調の指示があった。九郎は、鉄砲組頭中田太郎蔵・鉄砲頭根本順助・使武者斥候兼安士寛蔵（役職は大館戦争当時のもの）の三名へ軍功のとりまとめを指示。三名は、作業に着手し、時を経て一八七一年六月一一日に佐竹西家へ記録一括を提出した。[33]一四日、佐竹西家家臣の内藤寿吉・森田清一郎は、「絵図結構之御出来」、「御精細之御穿鑿」と成果物に高い評価を与え、太郎蔵らへ謝意を伝えている。[34]佐竹西家へ提出された文書は、左の受領書からわかる。

覚

切絵図　一冊

士族軍功　二冊

同人別　一冊

同等外取調　一冊

中田錦江(35)軍功一冊
濱松貞蔵軍功　一冊
〆八冊二袋入
家人軍功　一冊
同討死人別　一冊
同手負廃人人別調　一冊
同軍功人別　一冊
同等外取調一冊
同人別　一冊
九郎手寺院軍功等外人別附録　一冊
寺院等外取調　一冊
医者軍功　一冊
同人別　一冊
〆十冊一袋入
卒族軍功　一冊
同人別　一冊
同等外取調　一冊
同人別　一冊
卒二三男軍功　一冊

同人別　一冊
同廃人病身調　一冊
〆七冊壱袋入
大館近村百姓町軍功　一冊
同人別　一冊
〆二冊一袋入
大館戦争凡例　一冊
同中田錦江軍功　一冊
大館卒軍功　一冊
同卒二三男軍功　一冊
〆四冊壱袋入
外ニ
九郎家人村山真蔵軍功　一冊
　但年内迄残差出候分
小繋村ゟ片山村迄略図
但御返書分
右之通此度御封紙付を以御仕送、正ニ落手致候也
未六月
　内藤寿吉
森田清一郎

根本順助殿
中田太郎蔵殿[36]
安士寛蔵殿

これらのうち、「大館戦争凡例」や「大館中田錦江軍功」など四冊は、太郎蔵らの希望により縦覧の上、下げ渡されているが[37]、大部分は「佐竹西家文書」（秋田県公文書館蔵）に伝来している。これが正本だとすると、「中田家文書」に伝わった約一五〇点の軍功調査関係の記録は、佐竹西家に差し出した軍功記録の草稿や控の類ということになる[38]。

また、「佐竹西家文書」に遺された大館の戦いの軍功調査記録をみていくと、そのなかには佐竹西家家臣（藩主佐竹家からみれば陪臣）の記録とそれ以外が混在していることに気づく。一方、「中田家文書」には佐竹西家家臣の分は発見できない。太郎蔵らの調査範囲は、藩主佐竹家からみて直臣あるいは、武士身分でなくとも戦闘に何らかのかたちで参加した大館の住民ら（医師・農民など）に限られていたことがわかる。なお、「佐竹西家文書」と「中田家文書」を照合すると、すべての控・草稿などが「中田家文書」に残っているわけではないので、根本順助や安士寛蔵の手許にも同種の文書群があった可能性がある。それらが、現存するかは不明である。

「中田家文書」に含まれる軍功調査の関係記録は、大きくは三種類に分けられる。

①従軍者一人ひとりもしくはその遺族が作成した戦績の報告書。戦闘への参加状況および功績・死傷について主に記載される。「戦争次第書」、「戦争書」、「出兵次第書」、「戦争始末書上帳」など表題は一定しないが、記載事項はおおむね統一されている。太郎蔵が作成した「争戦始末取調書」もここに含まれる。

②佐竹西家へ提出した「大館士族中士軍功取調帳」、「大館卒族等級帳」などの控・草稿。①をもとに軍功を等級ごと、家格・身分ごとにまとめたもの。①の記述をもとに各人の功績が端的に記述されている。太郎蔵らが校

図2　大館の戦い軍功記録の編纂過程

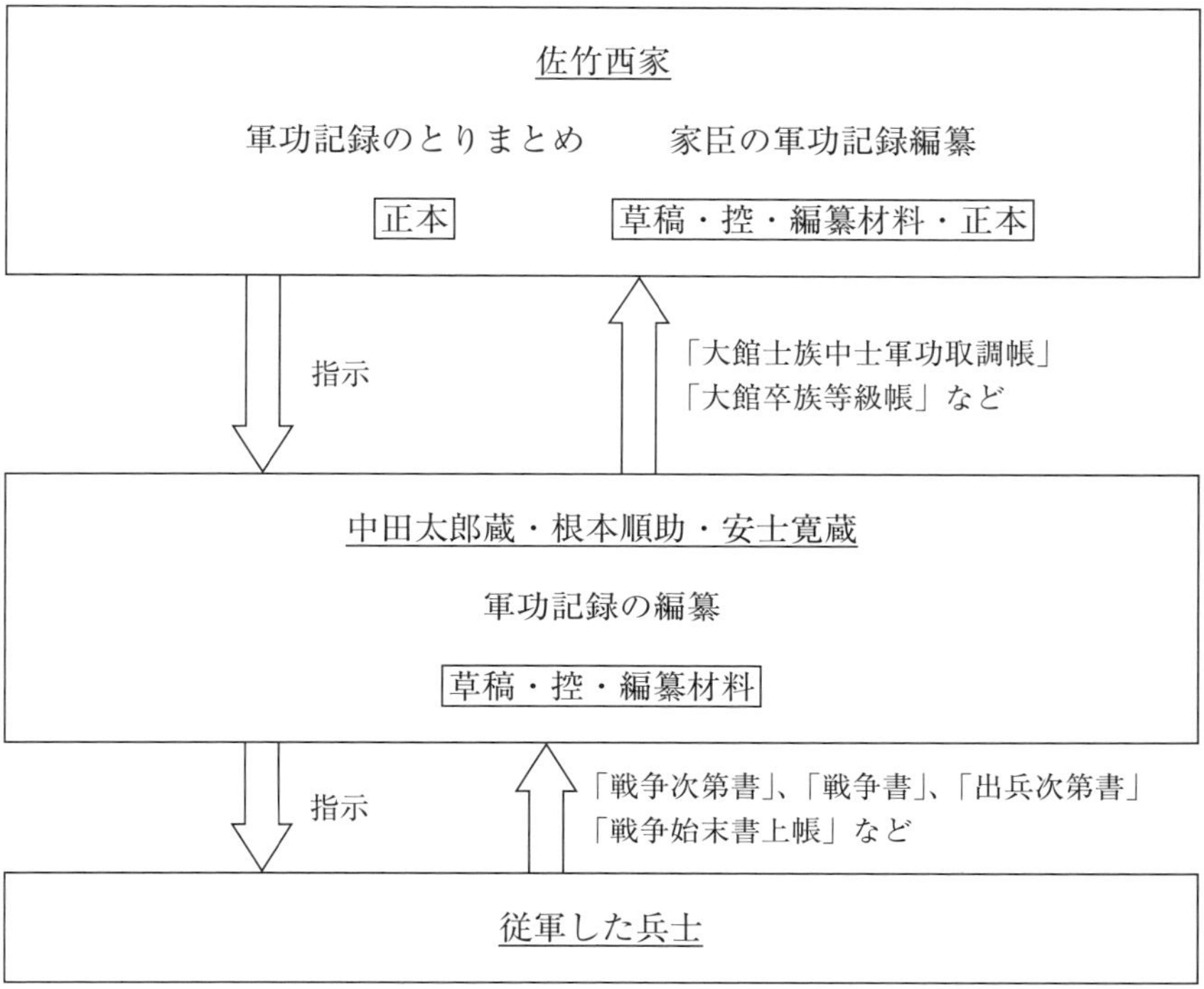

正・推敲した痕跡が多数あり、①の報告を参照しながら日付や出来事に矛盾がないよう精査していた様子が書込から読み取れる。軍功は、一等から等外まで七等級に分けられたが、太郎蔵隊からは太郎蔵のほか、瀬尾直之丞、青柳又蔵、青柳外記、中田易太郎が一等とされた。太郎蔵以外の三名は皆戦死した人物である[39]。

③①などをもとにまとめられた戦記・絵図。佐竹西家に一度提出されたが戻された「大館戦争凡例目録」のほか「大館戦争概略」・「大館戦争略圖」など。戦闘の概要を文章と絵図で示す。

以上から得られた情報を整理すると、図2のようなプロセスを経て軍功記録が編纂されたことが確認される。本来、最終的に軍功記録は佐竹家に提出され行賞が吟味されるはずであったが、太郎蔵らが提出した軍功記録に関してはそれを遂げられないまま廃藩を迎えたようである。一八七一年七月付で義堯から九郎へ宛てられた沙汰書が、同年一二月二二日になって県庁で伝達されている。これは、九郎に対して「軍功御再調」を伝えるものであった。(40)

四　軍功記録の利用

秋田藩の軍功記録は、本来の目的を達成することのないままとなったが、戦後まで死蔵されたわけではない。むしろ、明治から昭和までたびたび利用されている。

もっとも早い段階で確認されるのは、佐竹侯爵家による事蹟編纂である。佐竹家が、一八八五年（明治一八）から開始した『戊辰勤王記』・『戊辰秋田戦争記』の編纂の過程で、戦闘に従事した旧藩士からの記録収集が進められた。集められた記録は、各郡長がとりまとめて佐竹家へ提出し(41)、現在「佐竹文庫」に伝来している。そのなかには、大館周辺の戦いに限らず、一八七〇年前後の年紀を持つ軍功記録が多数含まれる(42)。内乱の軍功記録を史料として最初に活用した例といえる(43)。畑中康博らが指摘するように『戊辰勤王記』・『戊辰秋田戦争記』は、戊辰内乱における秋田藩の「勤王」を主張するために作成されたものであり(44)、軍功記録はその意味で編纂材料としてうってつけのアーカイブズであった。

次に、一九一五年（大正四）に佐竹義堯の銅像が千秋公園（現秋田市）に建設されたことを記念して、秋田県会議事堂にて開催された「秋田戊辰勤王記念展覧会」では、「一般社会に対して勤王に尽したる先代の偉功の一面を発表し、併せて歴史教育の参考史料に供したき」との主旨により旧藩士から内乱関係の展示品が募集された。

中田家からも太郎蔵の関係史料・物品が提供されている。出品物のうち、「大館戦争略図」、「大館戦争凡例目録」、「大館戦争概略」、「討死手負手柄人別抜書」、「中田錦江軍功帳」は、軍功記録編纂の過程で太郎蔵が作成した記録である。このほかに、中田家からは「戊辰戦記一簣ノ功」、「軍用要心兜」、「戊辰役官軍袖印」が出陳されている(45)。

地域における歴史叙述の素材としても軍功記録は活用された。前掲の『大館戊辰戦史』(一九一八年刊)は、内乱から五〇周年を記念し、地域の有志が「発起者」となり編纂された戊辰内乱を中心とする「郷土」の歴史書である。「付録」では、郷土史全般も取り扱われる大部な著書である(46)。実質的な編輯は、笹嶋定治なる人物に委託された。同書の編纂にあたっては、佐竹西家および戦闘従事者の家に伝来した文書が収集され、活用された。軍功記録も戦闘場面の記述のほか、「第五章論考行賞」など多数引用・利用されている。中田太郎蔵が作成した「争戦始末取調書」も引用されている(一三二・一三三頁)。

一九三七年(昭和一二)には、大館町立大館図書館にて「戊辰勤王七十年記念展覧会」が催されている。同展覧会には、中田直哉からも前述の「大館戦争略図」などのほか「討死、手負、手柄人別抜書」など八点が出展されている。また、この展覧会では、町立大館図書館が編集した『戊辰戦役に関する抜粋』(出身者で死亡した人物のリストなどを収録)が配付されている(47)。

以上のような動向に共通するのは、秋田藩の戊辰内乱を「勤王」と評価しようとする編纂物・催し物のなかで、その事蹟証明のために、「証拠物」として記録が利用されたことであろう。中田太郎蔵ら従軍した者たちが、みずからの功績をうったえるために作成した軍功記録やその附属書類は、地域(秋田・大館)の歴史意識を支える史料としての位置付けを与えられていったのである。

おわりに

本稿では、「中田家文書」に伝来した軍功記録についてその生成から利用までの過程を明らかにした。

大館の戦いの軍功記録は、藩主佐竹家の指示により、佐竹西家が中田太郎蔵らに指示を出して編纂された。結果として作成された記録は、戦闘に参加した人物たちの犠牲や「勤王」の戦績を主唱するものであり、各人の活動が脚色されて描かれた。そのため、歴史学の立場にたてば、軍功記録は必ずしも「史実」を抽出できる史料とは言いがたい。これらの記録は、廃藩までに本来の役割を果たすことはなかったが、明治以後に地域で「勤王」の物語として戊辰内乱がたびたび回顧されるなかで、それを証明する史料として利用された。

かかる軍功記録の利用は、大館地域の戊辰内乱に対する歴史意識の形成と密接不可分の関係にある。本文中で紹介した歴史叙述・展示の例のほか、一九二九年（昭和四）に結成された小学校教員佐々木兵一を中心とする大館史談会によって「戊辰古戦場」が、行在所趾、秋田犬などと並んで「大館新八景」に指定された[48]。また、同会が刊行する『大館叢書』の第二巻が『明治戊辰戦記概要』[49]であったように、戦前の大館の「郷土史」において内乱の記憶は「勤王」と犠牲の歴史として特別な位置を占めてきた。一九一七年（大正六）一〇月二一日に戊辰・日清・日露戦役の「英霊」を対象とした忠魂碑が竣工し、招魂祭が催されるが、この日は陰暦では大館城が奪還された九月六日にあたる日であった[50]。地域において、右のような歴史像が形成されるのに軍功記録は一役買ったといえるだろう。

また、中田家（史料の所蔵者）としては、軍功記録は自己の「勤王」の「由緒」を証明する重要な証拠物となった。太郎蔵の次の当主直哉が、積極的に所蔵史料を展覧会や郷土史編纂のために提供したのは、そのような意識の一端を証左しているであろう。この点については、同家の当主の活動により踏み込んで考察する必要があるので機会を改めて論じたい。

（1）たとえば、大館市が二〇一六年（平成二八）に発表した「大館市歴史的風致維持向上計画（案）」の随所に、大館の戦いに関する記述がある。また、同計画案に対するパブリックコメント四〇件のうち、三件が大館の戦いに言及している。大館市ホームページ http://www.city.odate.akita.jp/dcity/odatedl.nsf/rekisimati/133-7746.html 参照（二〇一七年六月一六日最終閲覧）。

（2）箱石大「総論　戊辰戦争研究のための史料学」（同編『戊辰戦争の史料学』勉誠出版、二〇一三年）。

（3）箱石大「戊辰戦争史料論」（明治維新史学会編『明治維新と史料学』吉川弘文館、二〇一〇年）、同「松代藩真田家の戊辰戦争届書」（『松代』二八、二〇一五年）、同「加賀藩前田家の戊辰戦争届書」（東四柳史明編『地域社会の文化と史料』同成社、二〇一七年）。

（4）本稿で、明治維新史研究全般における課題に言及する紙数の余裕はないが、宮地正人がかつて指摘した、「研究者ははじめその厖大さ（明治維新史関係史料―宮間註）に驚いてしまい、応々《ママ》にしてそれがどのような森かを見ることはできない」（同「政治と歴史学―明治期の維新史研究を手掛りとして―」、西川正雄・小谷汪之編『現代歴史学入門』東京大学出版会、一九八七年）という状況は現在も解消されたとは思えない。この点については、宮間純一「明治維新政治史研究の現在」（『歴史評論』八一二、二〇一七年）でも論じた。

（5）安藤正人は、アーカイブズ資源研究を記録管理史などからなる「歴史情報資源学」と組織体情報論などを内容とする「現代記録情報学」などから構成される分野と定義している。安藤正人『記録史料学と現代―アーカイブズの科学をめざして―』（吉川弘文館、一九九八年）、同「アーカイブズ学の地平」（国文学研究資料館史料館編『アーカイブズの科学』上、柏書房、二〇〇三年）参照。

（6）笹嶋定治編『大館戊辰戦史』（藤島書店、一九一八年）。

(7) 鎌田永吉『幕藩体制と維新変革』(鎌田永吉遺稿集刊行会、一九七七年)。
(8) 畑中康博「『戊辰秋田勤王記』『戊辰秋田戦争記』成立に関する史料群」(『秋田県公文書館研究紀要』一五、二〇〇九年)、同「明治時代における秋田藩維新史像の形成」(『日本歴史』七七四、二〇一二年)、同「『復古記』編纂事業と秋田藩維新史像の誕生」(『秋田県立博物館研究報告』三九、二〇一四年)。
(9) 長南伸治「近代の秋田県における「秋田藩史観」形成に関する一考察—明治中後期の県内の動向を中心に—」(『風俗史学』四五、二〇一二年)。
(10) ほかに、秋田藩と戊辰内乱の関係では、小泉雅弘「戊辰内乱期の秋田藩と新政権—秋田県公文書館所蔵「公務控」から—」(『駒沢史学』八六、二〇一六年)が近年発表されている。
(11) 前掲註(8)「『戊辰秋田勤王記』『戊辰秋田戦争記』成立に関する史料群」。
(12) 秋田藩以外にも、戊辰内乱の歴史意識形成過程に関わる研究として、田中悟『会津という神話—〈二つの戦後〉をめぐる〈死者の政治学〉—』(ミネルヴァ書房、二〇一〇年)、長南伸治「戊辰戦争朝敵藩旧領における旧藩評価—明治中後期の山形県庄内地方を例に—」(『米沢史学』三二、二〇一六年)、宮間純一「地域における戊辰内乱の記憶—飯能戦争を事例に—」(白井哲哉・須田努編『地域の記録と記憶を問い直す—武州山の根地域の一九世紀—』八木書店、二〇一六年)などがあるが記録に関する検討は十分行われていない。
(13) 筆者は、「中田家文書」に含まれる大館の戦いの記録を「戊辰内乱の記録と記憶—「大館戦争」の事例から—」(『国文研ニューズ』四八、二〇一七年)で一部紹介したことがある。本稿とあわせて参照されたい。
(14) 中田家の歴史に言及したものに、大石怜子「明治期における東北一地主の展開—旧秋田藩士N家の場合—」(『史学雑誌』六六—二、一九五七年)、中田易直「戦中・戦後の文部省学術行政(上)」(『日本歴史』八一〇、二〇一五年)などがある。
(15) 一八二五年(文化八)「源姓中田氏系図」(秋田県公文書館蔵「佐竹文庫」A二八八・二・三九〇)。
(16) 前掲註(14)「明治期における東北一地主の展開」、一八二九年(文政一二)~一八六九年(明治二)「年々指上高書出扣」(国文学研究資料館蔵「中田家文書」三三二)。以下、国文学研究資料館所蔵の「中田家文書」は出典表記にあたり、「中・番号」の形式で略記する。
(17) 前掲註(14)「明治期における東北一地主の展開」。
(18) 前掲註(15)「源姓中田氏系図」。
(19) 中田太郎蔵は、各史料・文献で「挙直」ではなく通称の「太郎蔵」と表記されることが多いので、本稿の表記もこれに従う。
(20) 一九一四年(大正三)「星槎中田君墓誌」(前掲註(6)『大館戊辰戦史』、九九〇頁)。なお、太郎蔵は一八六八年閏四月に本荘方面へも出兵している(中・二六八―一～一〇)。
(21) 前掲註(14)「戦中・戦後の文部省学術行政(上)」にて、子孫にあたる中田易直は「(太郎蔵は―宮間註)桂太郎からだったでしょうか、維新の志士に爵位を与えるから東京に出て来いと盛んに誘われますが、それよりも金持ちの方がいいということで地主化します」と述べている。
(22) 明治「貢献備金紀事」(中・二八六―一)。
(23) 一九二一年「財團法人衆楽園設立許可申請」(中・一二六―七)。なお、地方名望家による福祉活動については、大川啓「近代日本における名望と地域福祉の社会史―二〇世紀初頭の秋田市における資産家の福祉活動を中心に―」(『歴史学研究』九二九、二〇一五年)など参照。
(24) 文書群の概要は、国文学研究資料館史料館編『史料館収蔵史料総覧』(名著出版、一九九六年)参照。また、閲覧室に目録が配架されている。
(25) 中田易直と文部省史料館については、中田易直「戦後の三井文庫と文部省史料館について」(『三井文庫論叢』三五、二〇〇一年)など参照。
(26) 大館市史編さん委員会編『一関家文書目録―文部省史料館蔵―』(大館市史編さん委員会、一九七一年)所収。
(27) 一八七〇年「争戦始末取調書」(中・四―一八)。
(28) 大館市史編さん委員会編『大館市史』三・上(大館市、一九八三年)、三―五頁。
(29) 大館市史編さん委員会編『大館市史』二(大館市、一九七八年)、三五八・三五九頁。

（30）一八六八年（慶応四）八月一日「久保田藩主佐竹義尭直書」（「大日本維新史料稿本」慶応四年八月一日条、マイクロフィルム版）。

（31）一八六八年八月「行政官達」（「大日本維新史料稿本」慶応四年八月是月条、マイクロフィルム版）。

（32）「太政類典・第一編・慶応三年~明治四年・第百十巻・兵制・兵学」（国立公文書館蔵、本館二A―〇〇九―〇〇）。

（33）一八七一年「戊辰軍功調書目録控」（中・二六一―二五）。

（34）一八七一年六月一四日「書状、戦争絵図ほか戊辰戦争関係書類に付札状」（中・二六二―五）。

（35）一七九八年（寛政一〇）～一八六九年。儒者。秋田藩士。七〇歳で十二所・大館戦争に従軍した（佐々木兵一『中田錦江』大館史談会、一九四三年）。

（36）一八七一年六月「覚（大館戦争関係文書受領に付）」（中・二六二―七）。

（37）前掲註（33）「戊辰軍功調書目録控」。

（38）佐竹西家伝来の軍功記録の資料集として、鷲谷豊編『秋田藩大館諸兵戊辰戦記録』（私家版、二〇〇九年）がある。

（39）一八七一年「慶応四辰年大館中士軍功取調帳」（中・一〇―一）、一八七〇年一〇月「慶応四戊辰年出兵各隊人員書上帳」（秋田県公文書館蔵「佐竹西家文書」A〇二一二・一・一〇三）。

（40）一八七一年七月「佐竹義尭達書」（「佐竹西家文書」A〇二一二・一・一一二）。

（41）一八八六年三月「秋田県北秋田郡長日理宗信宛北秋田郡十二処士族岡本大作書状」（秋田県公文書館蔵「佐竹文庫」AS二一二・一・七二）。

（42）この点は、前掲註（8）『戊辰秋田勤王記』『戊辰秋田戦争記』成立に関する史料群」がすでに指摘している。

（43）これ以前の一八八一年時の巡幸にて、軍功記録が「天覧」に供された可能性もあるが、秋田県の公文書などをみる限りそのことを証明する史料を見いだせていない。ただし、戦死者名簿は県から提出されている（一八八一年九月「天覧物品目録」秋田県公文書館蔵、九三〇一―一二〇一七）。この点に関する史料は、清水裕介氏のご指摘・ご協力により確認した。

（44）前掲註（8）「明治時代における秋田藩維新史像の形成」。

(45)　一九一五年「秋田戊辰勤王記念展覧会出品目録并附属書類」（中・二六三）、大正四年戊辰勤王記念展覧会編『秋田戊辰勤王記念写真帳』（中・七―三）。

(46)　同書の「跋」によれば、笹嶋は白沢（大館市内）の出身で官吏となり韓国で勤務していたが、帰国後、白沢から大館に転住した人物。

(47)　一九三七年『戊辰戦役に関する抜粋』（中・二四一）。

(48)　佐々木兵一『大館八勝』（大館史談会、一九三六年）。

(49)　大館史談会編『大館叢書』第二巻（大館史談会、一九三五年）。

(50)　忠魂碑は、長根山運動公園内に現存する。前掲註（6）『大館戊辰戦史』、九一三―九二〇頁に忠魂碑の関連記事がある。

〈追記〉

本稿は、二〇一七年三月二四日に開催された中央大学人文科学研究所公開研究会における報告をもとに成稿したものである。報告にあたっては、参加者の方々から貴重なご批判・ご意見を賜った。また、本稿の作成に際しては、各史料所蔵機関のみなさまに大変お世話になった。末筆ながら記して感謝申し上げる。なお、本稿はＪＳＰＳ科研費１６Ｈ０７４０８（研究活動スタート支援・代表者：宮間純一）、および１５Ｋ０２８５９（基盤Ｃ・代表者：箱石大）の助成による成果の一部である。

第六章　武蔵国多摩郡連光寺本村の橋梁

――「行幸橋」の誕生と意義――

清 水 裕 介

はじめに

本稿では、武蔵国多摩郡連光寺村の本村[1]（現在の東京都多摩市連光寺）を対象として、地区内に存在していた橋梁の変遷を追う。本稿が橋梁を考察の対象とするのは二つの視点からである。一つは橋梁の変遷を通じて、現代に繋がる地域の交通網の形成を追うためである。同村は北に大栗川・多摩川、西に乞田川が流れており、近隣の宿場町である府中・日野・八王子に向かうためには、渡河の必要がある。このような地勢の同村にとって、橋梁は生活に不可欠であり、村内外の道のあり方などを規定する存在であったと推察される。地域社会の歴史を理解しようとする上で、同時代の地理的条件の成立を明らかにすることは、有用な作業であると考える。

橋梁の歴史的研究には、土木・建築史分野を中心とする重厚な先行研究がある。特に多摩地域をフィールドとしたものの内、紅林章央・前田研一・伊東孝による共同研究は、橋梁技術に関する深い理解に基づきながら、地誌・名勝図絵・供養塔・写真などを用い、近世から昭和までの歴史的展開を追っている[2]。河川・街道を軸とする広範囲にわたるフィールドワークによって、現存する石橋やレンガ橋についてまとめられている点は、日々変化する景観の記録としても貴重な研究成果である。同研究では、村々が経済的に発展・安定した十八世紀後半から十九世紀前半にかけて、初期投資は必要だが、修繕など管理費のかからない「永久橋」として石橋への架け替えが進んだことが指摘されている。

　多摩地域の近世の村における橋梁に関する研究では、多数の橋梁が架けられた玉川上水流域を対象としたものがある。村の橋梁について体系的な成果を示したものとして『福生市史 上巻』が挙げられる。同書では、福生・熊川両村（現在の東京都福生市）の橋について、架け替え・修復の年代や費用捻出方法について詳細を追っている。その上で両村内の玉川上水に架けられた橋の架け替え・修復の頻度は新規架け替えが二〇年から二五年に一度であったと指摘している(3)。

　さまざまな面から研究・郷土教育の対象として取り上げられ、橋梁に関する研究も行われている北多摩の玉川上水に対し、本稿が対象とする南多摩地域については、村・地域の橋梁の変遷を追った研究は管見の限り、見られない。本稿が連光寺本村を中心とするのは、研究の蓄積がない南多摩地域において、橋梁を軸に地域の様子を長期的に追うためである。その上では、連続的に残された史料が不可欠である。連光寺村の場合、同村の名主を勤めた富澤家の日記から、近世後期から明治末までの様子を概観することができ、日記以外の史料も数多い。

　もう一つの視点は、明治天皇「聖蹟」への関心である。同村は明治一四年（一八八一）以降、合計四度の明治天皇行幸を迎え、昭和初期には多摩聖蹟記念館が建設され、同館を中心とする「一大聖蹟地」として開発された地域である。橋梁名に「行幸」が冠された「行幸《みゆき》橋」が存在している。一九九〇年代以降の史跡名勝保存や天皇の聖蹟保存に関する研究では、主に法令の整備や石碑の建立といった視覚的に史蹟・聖蹟が示された時代について言及されてきた(4)。しかし、道路や橋梁名、地名・地域の名勝などが命名・改称されることによって明治天皇の行幸が記念されてきた例も数多く、連光寺本村に架かる「行幸橋」はその一つである。この保存・顕彰の過程を探るには、「聖蹟」とされる由緒を獲得する以前、それが地域にとっていかなる存在であったのかを踏まえる必要がある。

そこで本稿では、連光寺本村での橋梁の修繕・架け替えや接続された道路との関係などを探り、特に行幸橋について、橋梁としての位置付けを歴史的に明らかにすることで、これが明治天皇「聖蹟」とされた意義について考えたい。

一　近世連光寺村の橋

1　石材の購入・管理記録に見る村内の石橋

連光寺村の明細帳には、多摩川の北側に位置する村内の下川原を行き来する作場渡が、冬期に仮橋とされるとの他は橋梁に関する記述はない。(5) また「新編武蔵国風土記稿」の同村の項にも橋梁についての記載はない。(6) これは大きな橋や「御普請」で架橋されたものが存在しなかったためと考えられ、村内に一切の橋がなかったことを示すものではない。図1は天保一四年に作成された絵図である。この絵図が示す通り、連光寺村の東には乞田川が流れ、関戸村との村境は流路の変更から対岸に引かれている区域もあるなど、乞田川を渡るための橋は生活上、必要不可欠であった。また村内を通る主要な道は村内北端で大栗川を渡る「稲毛領より八王子道」・「府中道」であるから、橋が渡されていたと考えられる。中央部には谷戸（大谷戸）から流れる水路（川洞川）があり、これを越えるためにも自普請の橋が架けられていたと考えられる。

連光寺村内の橋に関する史料に明和九年（一七七二）七月から寛政三年（一七九一）八月までの橋の建設や神社

図１　天保14年６月「御上知御引渡村絵図下書」

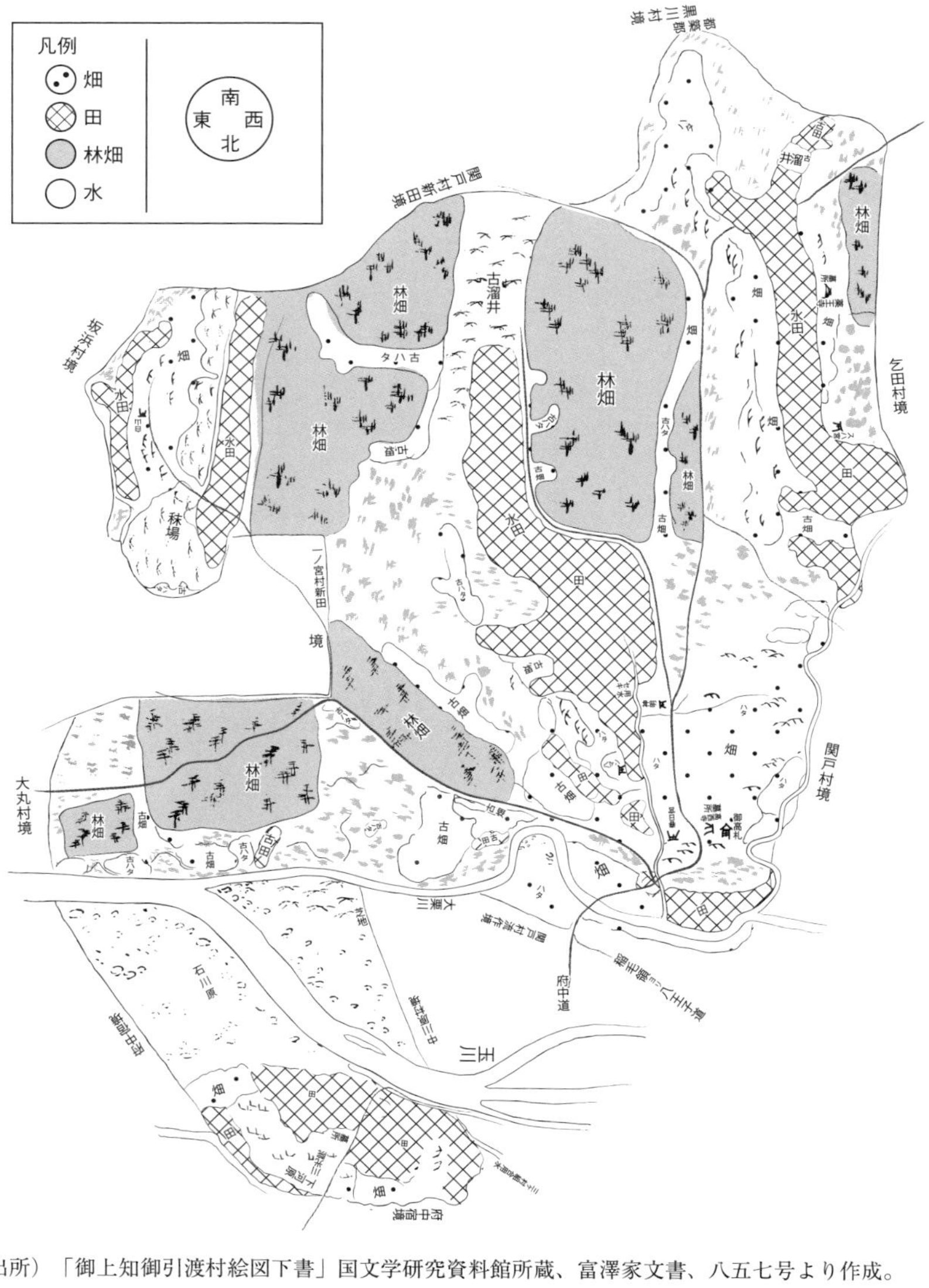

（出所）「御上知御引渡村絵図下書」国文学研究資料館所蔵、富澤家文書、八五七号より作成。

の鳥居などに用いた石やその代金を記録した「村方所々石橋諏訪石之鳥居本村三社鳥居入用之覚（以下、「入用覚」）」がある。[7] 同史料からは、村内には石橋に限っても、少なくとも一二ヶ所に橋が架けられていたことが分かる。この「入用覚」にもとづき、村内の石橋について概観したい。まずは橋梁の存在を確認することとし、位置については後述するものとする。

「入用覚」の最初の記述は、明和九年（一七七二）七月末に完成した「川ほら石橋（以下、川洞橋）」に用いられた石材に関するものである。この石材は長さ四尺五寸・幅二～三寸・厚八寸が九枚、「土敷石」が四枚、「柱石」が四本、「両小口澤道敷石」が二本とある。また橋の両端には「地石」が組まれた。それぞれの建材の用途や橋の構造の詳細は明らかでないが、部材が少ないことから、複雑な組石による橋ではなく、石で組まれた基礎の上に石の板が渡される簡素な石桁橋であったと想像される。

石材は江戸八丁堀松屋町の和泉屋から五両二分五朱で購入された。江戸から連光寺に運搬する場合、渡船で多摩川を渡る必要があった。重い石材の舟賃は高く「一両ト一貫四百三拾弐文」が支払われている。これに開橋祝いの餅や酒代などを合計し、川洞橋には七両二分余が費やされた。祝いの餅に使われた餅米四斗が金二分・永百文で調達されているから、石橋の架橋に費やされた七両余は、当時の村にとって大金であったことが想像される。この架橋は旧来の橋が出水によって大破したための再建であった。

続いて安永四年（一七七五）四月に「谷戸大堰東上二ケ所」・「向田小橋」・「向田ニ而二ケ所」の計五つの橋に用いる石材が購入されたことが記録されている。石材は全部で一五枚、種類は三尺五寸の玄蕃石（板）のみ、代金は五つの橋合計で一両二分であるから、川洞橋よりもさらに簡素な、石桁を渡しただけの小橋であったと考えられる。同年には同様の橋が「諏訪明神江通候道」・「馬引沢築地下・同所」の三ヶ所に架けられた。それぞれの費用は、前者は「薬王寺隠居快諾」が建立、後者は「池浚入用残」で賄われたとある。

安永五年（一七七六）一〇月には石橋として「坂下橋」が架橋されたことが記録されている。石材は川洞橋と同じく和泉屋から購入され、費用は石代・渡船代・酒代合計で金二両三分余で、「本村念仏講」から捻出された。この頃の連光寺本村の念仏講は、頼母子講や無尽講などのように積立金を行う組織としての役割も持っていたようである。同年一二月には他四ヶ所に石橋が架けられ、この代金は「池浚残金」が遣われたとある。また同じ頃、連光寺村の飛地である下川原で用いられた一一枚の石板代金三分永二三匁余は「川除ケ残金」で賄われているなど、架橋の費用がさまざまな共有資金から捻出されていたことがわかる。

大金を投じて建設された石橋であったが、川洞橋は寛政元年（一七八九）には出水に見舞われて大破し、柱石四本が失われたため、翌年三月に木や竹を用いて土橋として再建された(8)。また坂下橋も安永五年一〇月に架けられた石橋は、安永九年（一七八〇）の出水で大破したため、石材三本を購入して修復された。この後もたびたび出水による被害を受け、寛政二年（一七九〇）七月には、前年に川洞橋が土橋として再建されたため不用になった石材を坂下橋に転用して改めて架橋されるが、これも翌寛政三年（一七九一）八月の出水によって大破した。南多摩の自然河川に架けられた石橋の安定度は、新規架け替え頻度が二〇～二五年であったという福生・熊川の玉川上水とは大きく異なり、極めて不安定であったと言える。

壊れた橋の部材の一部が、規模の小さな橋に転用されることはしばしばあり、石材が堰など橋以外のものに転用されることもあった。寛政二年の記録では、旧川洞橋の石材は坂下橋の他に「字鶴巻 幸吉前橋」にも転用され、「土敷石」の一つは「坂下田用水堰」に転用されたとある。購入費用が講などの共有資金から捻出され、また高額であった石材は、村内の共有財産の一つとして管理されていた。そのためこれまで参照してきた「入用覚」のような帳面が作成されたのである。

石材の数や費用、転用の様子から見ると、連光寺村内の石橋は川洞橋が最も大きく、これに坂下橋が続き、この他に馬引沢築地下橋・同所下橋・向田小橋・諏訪明神江通候道之橋・幸吉前橋などの小橋があった。連光寺村全体では、寛保元年（一七四一）の史料に「土橋大小弐拾五ケ所」が存在したとあるから、[9]石橋化が進められた橋の他にも、小川や用水に架けられる土橋が多数存在していた。

寛政期以降の石橋について知ることができる史料は乏しく、しばらく時期が開くが、富澤家日記には天保八年（一八三七）二月二六・二七日のできごととして「川洞川橋かけかへ、土橋ニいたし候」と記されている[10]、これは寛政二年（一七九〇）に土橋として再建された川洞橋がいつの時期か板橋または石橋に架け替えられ[11]、それが再び架け替えとなり、土橋とされたことを意味している。

幕末期になると、富澤家日記に出水被害と修復に関する記述が多数みられるようになる。これを一覧としたものが表1である。天保一五年（一八四三）九月の川洞・坂下両橋の修復に関する記述からは、この当時、両橋は石橋ではなく、土橋または板橋になっていたことを確認することができる。坂下橋については土橋・板橋の区別が出来ないが、川洞橋の修繕には杉板が用いられており、板橋であったと考えられる。その後、川洞橋の修繕に関する記述は嘉永六年（一八五三）七月にもあり、この時は橋が大破したため、即日仮橋が架けられた。再建には村内の榎田山・下屋敷から「杉」・「末木（引用者註：松ヵ）」が調達されているから、この時も土橋または板橋として再建されたことが分かる。

石材を江戸で購入する必要があった石橋に対し、山林の多い連光寺村では、土橋・板橋に必要な木材は村内で調達することができた。そのため、たびたび出水被害があった連光寺村では、天保期には石橋が姿を消し、村内の主な橋は土橋・板橋とされるようになったのである。

北多摩地域の用水に架けられた石橋を対象とする研究では、村々が経済的に発展・安定した十八世紀後半から十九世紀前半にかけて、初期投資は必要であるが、修繕など管理費の負担が少ない「永久橋」として石橋への架

表1　「富沢家日記」の川洞橋・坂下橋関係記事（天保15年〜嘉永６年）

月日	記　述
天保15年	
9. 7	元八馬川洞橋牆折落候由ニ付、其夜本村三役人寄合申合明日木相尋候上早々可掛立筈にいたし散し候
9. 8	同日川洞ト坂下両所橋修復伐木、久次郎・直次郎・虎吉昼後より三人半日出ル
9. 9	巳之助川洞橋木削
9.10	川洞橋調木運ひ村方惣人足触当大工徳太郎出勤、橋杉板前々谷戸村持杉を挽置候板三十三枚有之候処、三枚紛失いたし三十枚有之候
9.11	川洞橋并坂下橋両所修復懸替本村橋掛惣人足触当、宰領吉五郎坂下仙次郎ハ川洞其方相勤候、馬引大工徳太郎出勤いたし候、二ヶ所修復橋木三本高西寺より出候
9.12	川洞・坂下二ヶ所橋普請土持并桁渡し仕事掛り候、巳之介・徳太郎両人桁押へヲ拵、諏訪の坂組五人之者土持勤ル
9.13	川洞橋普請今日昼前中仕舞、半人巳之助勤、半人徳太郎勤候
9.14	川洞・坂下橋代金弐分一朱相渡
弘化２年	
7.27	川洞川橋西詰先日破れ壱ケ所杭柵にて修復、才領武兵衛勤
7.29	前日嵐ニ而大坂西宮田道縁ノ山崩落往還ヲ塞、川洞橋上ル向田道縁山崩れ落水行切明る、人足大勢ニ而切開土を捨
弘化３年	
10.22	同夜中音世話ニ而宮田山幸蔵江金四両ニ而売渡、尤栗の木相除川洞橋北川添雑木を入
嘉永６年	
7.12	大雨夜ニ入坤風夜明より巽風烈敷桐木折、大栗川出水、川洞川上向田馬入山辟崩東橋詰江崩込橋大破依之人足出仮橋掛ル、春日宮社内稲荷之石鳥居折る、造酒三郎川洞仮橋半日人足遣ス、門倒かゝる板塀損方其外所々荒所多、一日南風烈敷吹不止雨時々
7.24	同夜向田番水ニ付下男仙二郎方へ参り候処、川洞橋取繕廿六日頃より致候趣ニ付川へ落候土入用ニ候哉之旨申越す
7.27	増五郎方より榎田山杉末木川洞橋木ニ買受度由定使を以申越す、向田馬入之場所ニ付差遣し可申旨可答候、尤橋端崩落多分有候へ者又候崩候ニ付少し川敷ヲ明落候土其儘差置候得ハ自然足ニ相成候間右之旨専一候様定使ニ申遣候
7.29	村方人足昼前川洞橋普《（請脱カ）》後其道普請致し候趣、金三郎来り兼而申入置候榎田杉末木弐本并下屋敷杉末木共買受度何程ニ候哉之旨申来り、右者村通用橋之儀別段高直ニ致候筋も無之切口太サ見積追而直段積り可然附而者橋場東詰崩れ土多分候而者又々川突当崩れ広く相成橋持不宜候間、少し川敷を明候様いたし左も無之候へハ用材難差出旨呉々申遣し候
8.17	同夜金三郎参り先達而川洞橋江遣候末木壱本ハ差口八寸残二本ハ六寸位も有之由申聞候

（出所）　国文学研究資料館所蔵、富沢家文書、2049-1〜10号より作成。

け替えが進んだと指摘されている。[12] 北多摩では、調査対象とされる古くからの橋の多くが玉川上水に架けられているため、出水被害は少なく、また川幅も石桁で対応可能な幅で安定しており、「永久橋」として成立した。しかし、狭く急な自然河川に石橋を建設した連光寺の場合、度重なる出水被害によって石材の購入費や運搬費用がかさむ石橋の維持は困難となり、村内や近隣で材料が調達可能な土橋や板橋への回帰が起きたのである。石材が用いられていたのは、きわめて小規模な橋に限られていたと考えられる。

2　近世連光寺村の橋と道

橋の役割を考える上で、接続される道との関係を把握することは不可欠である。まずは前節で挙げた連光寺村内の橋の位置を確認したい。規模が比較的大きかった川洞橋・坂下橋は、いずれも村内中央の谷戸を水源とする川洞川に架けられていた橋である。天保一四年（一八四三）に作成された村絵図（図1）で川洞川の流路を確認すると、水田（湿田）・田を通った水は「神明（神明社）」付近から川となり、「八マン（若宮八幡社）」の西（右）、「春日宮（春日神社）」の東（左）を通って、春日神社の北（下）で道と交差した後、大栗川に合流している。この春日神社北側の道と川の交差地点に架けられていたのが坂下橋である。川洞橋は坂下橋よりも上流に架けられていたが、図1では道が大幅に省略されているため、架橋地点を確認することができない。

図2は明治六年（一九七三）に作成された絵図である。三本の水路は、西（上）から乞田川・川洞川、北（右）側に描かれているのが大栗川である。北側の関戸村境から「字大栗土橋」（大栗川橋）を通り、大きく曲がって東側（左下）に抜ける道は「稲毛より八王子道（以下、稲毛・八王子往還）」とある。再び図1を参照すると、稲毛・八王子往還は大栗土橋を多摩川方面に渡った先で関戸の渡し・河岸へと向かう「府中道」が分岐していた。

図2には図1で省略された川洞橋（川洞土橋）と通過する道が描かれており、川洞橋は村内の往来は勿論、広

図２　明治６年の連光寺村橋梁・樋位置

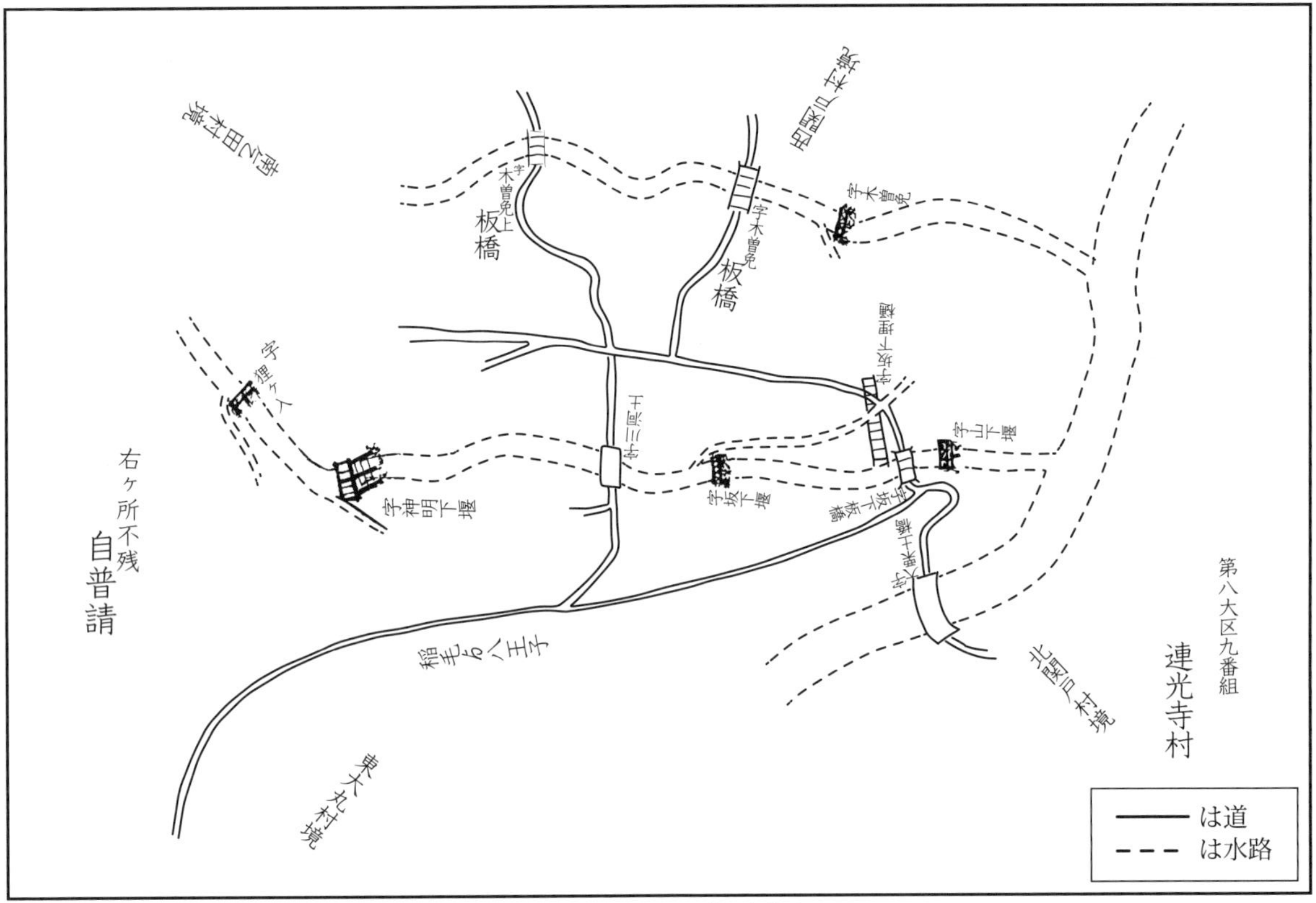

（出所）「（明治初年触書類）」国文学研究資料館所蔵、富沢家文書一〇二二号より作成。

域的には連光寺村内を北に迂回せずに稲毛・八王子往還と隣村の関戸を通過する鎌倉街道との間を行き来するための橋であったことが分かる。連光寺と鎌倉街道を繋ぐため乞田川に架けられた「字木曽免上板橋」は、図1でも乞田川と道が交差している地点が描かれており、天保一四年時点で架橋されていたことを確認できる。また、図2の「字木曽免板橋」も図1では確認できないが、天保七年（一八三六）作成の別の絵図では道と乞田川との交差を確認することができ[13]、連光寺村の明治六年時点の道と橋の基本的な環境は、天保一四年（一八四三）時点と大きな違いはないことが分かる。

多摩川南岸の村々は、地域経済の中心地であった府中宿で炭や鮎・目籠などを売って現金収入を得ていたと考えられ、この意味において、大栗川橋は地域経済を支える要の一つであったと言えよう。また、大栗川橋は連光寺村だけでなく、同村の東側、現在の稲城市域の村々が日野・八王子方面に出るためにも用いられていたと考えられる。

そのため、大栗川橋の架け替えでは、周辺の村々に勧化を募ることで、地元村の負担軽減が図られた。文政元年（一八一八）に行われた勧化の収入・支出を記した「大栗川常橋勧化覚帳」によると、府中領・日野領・稲毛領などの二五の村・集落とその他個人から一両三分と一二貫一七二文が寄せられた[14]。

個人での寄付金額が最も多いのは堺村（現在の東京都町田市内）の兵左衛門の二分で、これは隣村である関戸村で松木を買い、筏流しを行うため勧化を申し出たとある。村として寄せられた金額では現在の府中・稲城市域の村々の寄付額が大きい。府中本宿村は村方で一貫七〇〇文、村内の一地域である小野宮から一貫八四八文が寄付、長沼村では村方・与左衛門・与八がそれぞれ一分を出し、村全体で三分を寄せている。ただし、全体の費用は約七両三分であったから、大栗川橋に架かる費用の大半は連光寺村が負担していた。大栗川橋の場合、接続される道が稲毛・八王子往還であり、この時期、特に必要としていたのは連光寺村と隣接する少数の村であったため、地元村の負担が大きかったものと考えられる。

大栗川橋も先に見た石橋同様、出水による被害は避けられず、たびたび大破・修繕・架替が繰り返された。「大栗川橋掛立勘定調帳」によると、先述の文化一五年（一八一八）の二年前にも勧化が実施されており、また文政三年（一八二〇）には「新規掛」、文政六年（一八二三）秋には「大破」のため修繕、文政七年（一八二四）秋にも「大破」のため修繕が行われている。(15) 同史料によれば、頻繁に普請が行われるためか、文政三年（一八二〇）以降は勧化ではなく、文政五年（一八二二）に地頭所から御用金一〇両を借りて、大栗川橋の維持が図られた。

その後も富澤家日記により、大栗川橋は大破・修繕・架替が繰り返されていたことが分かる。天保一五年（一八四四）四月には「大栗川大水土橋前詰大破、其外所々道崩れ小橋落」とあり、その後修繕が行われたことが記録されている。(16) また、嘉永二年（一八四九）五月にも大破し修繕、(17) 同年八月にも再び大破したため、新規架け替えが行われたとある。(18) この時に架けられた橋は堅固だったようで、その後、安政六年（一八五九）七月一三日の「近来未曾有之洪水殊ニ急出水」と二五日の「十三日之水より三四尺も深く相見候」と記された大水を無事に過ごした。(19) この時の記述には大栗川橋以外の村内の橋は全て落ちたとある。

しかし、この大栗川橋も明治元年（一八六七）五月九日の出水で落ち、再建のため勧化が実施された。(20) 勧化は同年の夏から行われ、同年七月末の日記には柚木領・一ノ宮から高幡・稲毛筋などで勧化帳を配布した様子が記されている。工事の完了については明確でないが、一一月八日には勧化札が掛けられているから、この頃であろう。(21)

この時に集められた総額は五一両余で、文政元年の勧化とは異なり、架橋費用のほとんどを周辺の村々から集めた。隣接する一ノ宮・原関戸村や多摩川対岸の四ッ谷村・本宿村小野宮などは四両から二両を寄せており、村とは別に個人で寄せた者も多い。(22) 勧化に応じた村・集落の数を見ると、二五の村・集落が参加した文政元年の勧化に対し、明治元年の勧化は四五の村・集落が参加している。文政元年の勧化には参加した村のうち、原関戸村は二両二朱、下落川村は一両一朱と二貫三〇〇文、大沢村・大塚村・平山村は一両を寄せており、現在の野猿街道沿いの村が新規参加し、寄せた金額も大きい。また、金額は少ないものの、長津田（二朱）・広袴村（一朱）・栗木村（二朱）・万福寺村（一分）など、連光寺村よりも多摩川の下流、川崎方面の橘樹郡内の村も新たに参加しており、文政元年に比べ、勧化の範囲が大きく広がっている。勧化の範囲が広域となり、多額が集められた背景には、横浜に出るための稲毛・八王子往還が、周辺地域の輸送路としての役割が期待されていたため、大栗川橋の重要性が増していたためと考えられる。

大栗川橋を落とした明治元年（一八六七）五月の出水では、図2の「字木曽免板橋」にあたる「木曽免川橋（以下、木曽免橋）」も流失した。大栗川橋に比べて復旧が早く、六日後の五月一五日には仮橋が架けられ、一七日には押立村（現在の東京都稲城市押立）まで流されていた橋板を回収して普請が開始、七月二四日には工事が完了した。[23]

連光寺本村からは、隣村の関戸村内で大栗川に架けられていた大栗橋が健在であった場合、大栗川橋が落ちていても、木曽免橋で乞田川を渡り、関戸村を通って府中や日野・八王子に出ることができ、川崎・横浜方面も同様である。大栗川橋は規模が大きく、材木や勧化を行っての費用確保に時間が必要なこと、またこの年は五月以降も出水が多かったことも加わって、復旧に時間を要したものと考えられる。そのため、大栗川橋に比べて規模が小さい木曽免橋を早期に復旧することで、村外への交通路を確保したものと思われる。幕末期の連光寺村は、頻繁な出水被害によって安定的な橋は確保できていなかったものの、大栗川橋・木曽免橋の二つの橋によって村外との交通が確保されていたのである。

二　明治初期の連光寺村と橋

1　明治初期の出水被害

明治初期に神奈川県の指示により各村で作成されたさまざまな調書の中に、橋梁に関するものがある。明治五年（一八七二）九月に神奈川県に提出された「武蔵国多摩郡連光寺村自普請橋梁書上帳」には、連光寺村内に板橋が三ヶ所、土橋が二ヶ所あったと記されている(24)。また、明治六年（一八七三）一一月提出の同種の書上には、それぞれの長さと幅が記され、位置を示した絵図が添付されている(25)（表2及び図2）。既に述べた通り、小橋は数多く存在していたから、村入用や講・勧化で架橋される主な橋のみが記されたものである。

明治六年（一八七三）時点では、大栗川橋は長さ一〇間・幅二間、川洞橋は長さ三間・幅一間であった。明治元年の出水時に復旧の早かった木曽免橋は幅四尺であるから、輸送路としては、川洞橋・大栗川橋を通る経路が主に用いられていたと考えられる。また前述の通り、主要な橋に石橋は存在せず、川洞橋は土橋、坂下橋は板橋となっていた。

村内の主要な道路を通す橋として重要だった大栗川橋であるが、現在は同じ名前を持つ橋は存在していない。この理由について、「武蔵国南多摩郡連光寺村誌(26)（以下、「村誌」）」には以下のようにある。

大栗橋《（ママ）》（中略）本村の北部八王子往還大栗川ノ下流ニ架ス、明治七年甲戌秋流出以後仮橋ヲ架シ通行ニ便ス、仝十九年丙戌九月多磨川洪水ニ依テ北岸悉ク流出、多磨・大栗ノ二川該橋場ニテ合流スルニ至ル故ニ架設スル能ハス

明治元年に建設された大栗川橋は、明治七年（一八七四）に流出し、その後は仮橋が架けられていた。当時は

表2　連光寺村の橋梁（明治6年11月）

種　類	字　名	長さ／幅
板橋	木曽免	7間／4尺
板橋	木曽免上	6間半／3尺
板橋	坂下	3間半／4尺
土橋	川洞	3間半／1間
土橋	大栗	10間／2間

（出所）　国文学研究資料館所蔵、富沢家文書、1022号より作成。

神奈川県の主導による八王子から神奈川までの馬車道計画が進行中であったから、この進行を待って板橋として再建する見通しであった。しかし、馬車道計画が中止となったため、仮橋のまま残され、その後、明治一九年（一八八六）九月の洪水では関戸村側の岸が流され、架橋することが出来なくなってしまったという(27)。

明治七年（一八七四）の流出以降の多摩川・大栗川などの出水について、富澤家日記を参照すると、「大栗橋」が明治七年（一八七四）九月一三日に破損したとある（表3）。「村誌」の記述とも一致するから、これは関戸の大栗橋ではなく、大栗川橋のことと考えて良いだろう。その後、架橋の記述はないが、翌年（一八七五）八月一一日には「大栗川・木曽免・川洞等橋落ル」とあるから、これも「村誌」の通り、大栗川橋の場所には仮橋が架けられていたと考えられる。この時の大風雨はのちに「乞田川・鶴巻川出水、明治八年已来ノ暴水ナリ」と引き合いに出されるほど大きなものであった(28)。

明治九年（一八七六）一一月一日にも大栗川が出水し、板橋が流失したとあるが、木曽免橋・木曽免上橋の何れかは明らかでない。同月三日には「大栗川橋掛出張」とあり、再建工事が行われたことが記されている(29)。その後、流出したという記述はないが、明治一一年（一八七八）九月一一・一五日の出水ないし、その後も被害を受けたのであろう、明治一二年（一八七九）七月に行われた連光寺村村会では、仮橋の建設が議題とされた(30)（詳細は後述）。既述の通り、大栗川橋は連光寺村や周辺村々にとっての主要な輸送路の一つであったと考えられるが、明治初期には出水被

表3　「富澤家日記」の大栗川橋関係記事（明治7～11年）

月日	記　述
明治7年	
9.13	大風雨玉川大栗川出水ニ而大栗橋破損
10.7	玉川水増、一ノ宮渡船止ル
明治8年	
8.10	玉川・大栗川出水
8.11	昨夜より今暁迄大雨洪水大栗川木曽免・川洞等橋落ル
8.12	川洞・木曽免両橋掛ニ付本村一同出勤
明治9年	
9.17	大風雨玉川大栗川出水
11.1	今朝より大雨大栗川出水板橋流失
11.3	昨今両日半日ツヽ大栗川橋掛出張
明治10年…該当なし	
明治11年	
9.11	昨夜半頃より大雨今朝午前迄、洪雨玉川及大栗・木曽免・川洞等川々出水
9.15	同夜風屡吹、玉川及大栗・木曽免・川洞川等出水

（出所）　国文学研究資料館所蔵、富澤家文書、2050-7～11号より作成。

害が相次ぎ、常橋が再建できない状況に陥っていた。

他村の記録からも、明治初期の大風雨が連光寺村やその周辺地域に大きな被害をもたらしていたことが分かる。落合村では明治八年（一八七五）の大風雨で鎮守白山神社の裏山が崩れ、この際に平安期のものと思われる神体七体が出土した(31)。また和田村では明治一一年（一八七八）九月の出水で津久井往還の板橋、八王子道の板橋、里道の板橋など橋梁四ヶ所が流され、水車・道路・田畑に被害が及んだ他、居宅の流失や水死人も出たことが神奈川県に報告されている(32)。

2　馬車道計画と大栗川橋

明治五年（一八七二）一月に多摩郡の神奈川県への移管が完了すると(33)、この地域は県による統一的な殖産興業・交通政策の中に位置付けられることになった。この中、明治七年（一八七四）一月に県内各大区に通達されたのが、八王子から神奈川までの馬車道設置の計画である(34)。馬車道計画は旧来の道を活かした計画であり、連光寺村では「八王子より稲毛道」が改修される予定で、馬車道は大栗川橋を通行する予定であった。

馬車道の建設は民費を前提とし、また新道によって私有地が削られるため、各村々では計画に反対するものも少なくなかったが、連光寺村の旧名主富澤政恕は馬車道は馬車・荷車・人力車・旅人の交通の便、流通の促進が地域に産業発展をもたらすとして計画に積極的に協力し、また反対者への説得に努めた(35)。

これまで見た通り、大栗川橋は出水によってたびたび流失しており、馬車や荷車を通行させる輸送路とするためには、堅固なものに架け替える必要があった。同じ大栗川に架けられた大栗橋を例に見ると、明治八年（一八七五）四月に代議人藤井順次郎と村用掛福井清兵衛から神奈川県に以下の願書が提出されている。

当村内大栗川架橋之義流、馬車道御築在相成候上者地窪ニ相成、橋床上ヶ不致候而者出水之節保方難相成候得共、小村之事故何分民力ニ難及困迫仕候間、何卒右場所実地御検査之上馬車道御建築御入費江御担込被為橋床上出来出水之節通行差支無之様被成下度此段奉歎願候

架け替えは出水時に橋を保つために「橋床上ヶ」をしなければならないためとしている。水面から橋床までの高さを上げれば、橋長も長くなり、建設費もかさむため、費用を県の予算に組み込んで貰いたいとするものである。馬車道計画は、大破を繰り返す橋を架け替える格好の機会として捉えられたようである。

馬車道計画中に作成された大栗川橋の見積書は、試案と思われるものも含めて複数あるが、その内の一点を見ると、長さ四〇間・幅三間、総工費三一三七円余、大工六〇〇人を動員する大規模な計画で(36)、元の土橋は明治六年（一八七三）一一月の取調によれば長さ一〇間・幅二間であるから、橋長は四倍・幅は一・五倍となる計画である。これは大栗橋の例と同様、出水に耐えるために橋床の高さを上げる必要があったためであろう。

馬車道建設計画は明治一二年（一八七九）には計画が取消しとなるが、その要因は民費による負担を基本としていたにも関わらず、地域側から提出された見積金額が高額であり、現実的ではなかったためと指摘されてい

る。[37] 大栗川橋を例に見た通り、明治前期には度重なる出水によって橋の流出が繰り返されていた実態を踏まえると、地元側の高額な見積もりは、地域が安定的な輸送路の確保を強く希求していたこと、現状が安定とかけ離れたものであったことの現れであった。また、安定性を求めて提出された馬車道の見積もり金額を民費によって賄うことは不可能として計画が中止されたことは、この当時、地域の自普請による安定的な輸送路の確保が不可能であったことを意味していよう。

三　行幸橋の誕生

1　大栗川橋から木曽免橋へ

明治期に村会が成立すると、村費の道路橋梁費でまかなわれるようになった自普請橋について村会で議論がされるようになる。連光寺村会の記録として、明治一二年（一八七九）の「連光寺村会議事傍聴録」がある。これは、当時、神奈川県会議員を務めていたため、村会の議事には参加していなかった旧名主の富澤政恕が記したものである。[38] その中に橋についてのやりとりが以下のようにある。

六番（引用者註：小島富五郎）、番外一番（引用者註：小金忠五郎）ニ問テ曰、橋梁架替ノ費用何レノ仕様ヲ以テスルヤ、番外一番答テ曰、木曽免橋ハ大破スルニ因テ新ニ架替ント欲ス、凡幅四尺五寸割木ヲ以テ投渡シ、車馬ノ通行ニ堅牢ナラシメン事ヲ要ス、故ニ金額自ラ多シ、川洞橋ハ木曽免橋ノ旧材ヲ足シテ修繕ヲ加ヘハ、両三年ハ保ツ見込ナリ、大栗橋ハ方今ノ景況ニテハ新築スルトモ保チ難キ場所故、先ツ仮橋ニテ可ナランン、右ノ三橋ハ当村第一ノ往還ニシテ等閑ニ致シ難シ、下川原橋ハ山林ヘ通路ノ仮橋ニシテ、冬春ノ間ノミ用ヰル事故、旧慣ニ依リ補助金ヲ支出スル目処ナリ予算案を説明している番外一番は、当時連光寺村戸長であった小金忠五郎である。戸長小金は大栗川橋・木曽免橋・川洞橋の三つを「当村第一ノ往還」とし、大栗川橋については、出水が続いたため既に「新築スルトモ保チ難キ場所」となっていると述べている。そのため仮橋とする他なかった大栗川橋を通る稲毛・八王子往還に代わり、重要性を増したのが木曽免橋と川洞橋を渡る、連光寺本村中央を東西に通行する道である。小金は木曽免橋は「車馬ノ通行ニ堅牢ナラシメン事ヲ要ス」として輸送路として利用可能な橋に架け替え、川洞橋は架け替え前の木曽免橋旧材を転用して補修すれば、三年程度は使えるだろうとしている。

　村会ではこの方針が議決され、大栗川・乞田川の合流点より下流に位置する大栗川橋に比べ、川幅が狭く水量が少ない乞田川の木曽免橋を架け替えることで地域交通の安定を図った。また川洞橋についての答弁からは、出水が続く自然河川であるため、数ヶ年で架け替え・流出を前提としていたことがうかがえる。

　既述の通り、明治一九年（一八八六）には大栗川・乞田川の合流点が変わり、架橋は不可能となった。この年の富澤家の日記には、九月四日・一七日・二五日に多摩川の増水・出水の記述がある[39]。多摩川・大栗川の合流点が変わったのはこの時であろう。大栗川橋から木曽免橋への移り変わりを地形図に見ると、図3-1は明治一四年（一八八一）一二月測量のフランス式彩色地図、図3-2は明治三九年測量の二万分一正式図である。図3-1では大栗川橋・木曽免橋（行幸橋）が確認することができるが、図3-2では大栗川橋のあった付近が、乞田川と大栗川の合流点となり、大栗川橋が地図上から消えている。「村誌」に見た「多磨・大栗ノ二川該橋場ニテ合流」は、図3-2及び多摩川との距離を考慮すれば、「乞田・大栗ノ二川」の誤りであろう。

　また、木曽免橋に接続されている道路を見ると、図3-1の時点では木曽免橋を渡り、連光寺本村中央に向かう道がほぼ直角に描かれているが、図3-2では、なだらかなカーブに改修されていることが分かる。さらに昭和一五年測量の図3-3では、行幸橋（木曽免橋）から連光寺本村内を大きなカーブを描きながら東西に貫く一本

図 3　連光寺本村の移り変わり（明治14年・明治39年・昭和15年）

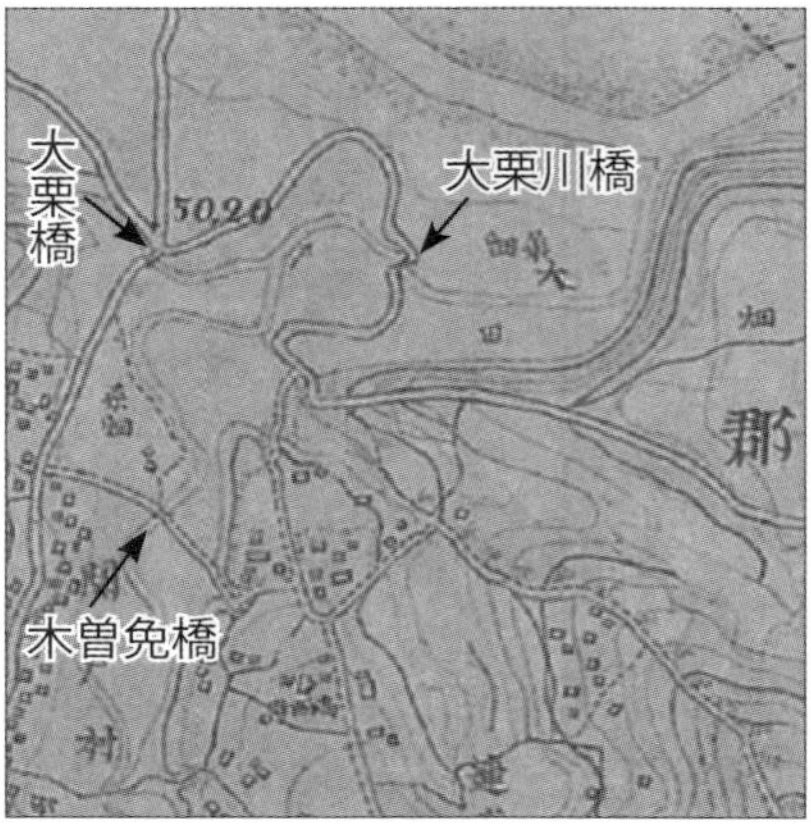

図 3-1：明治14年測量

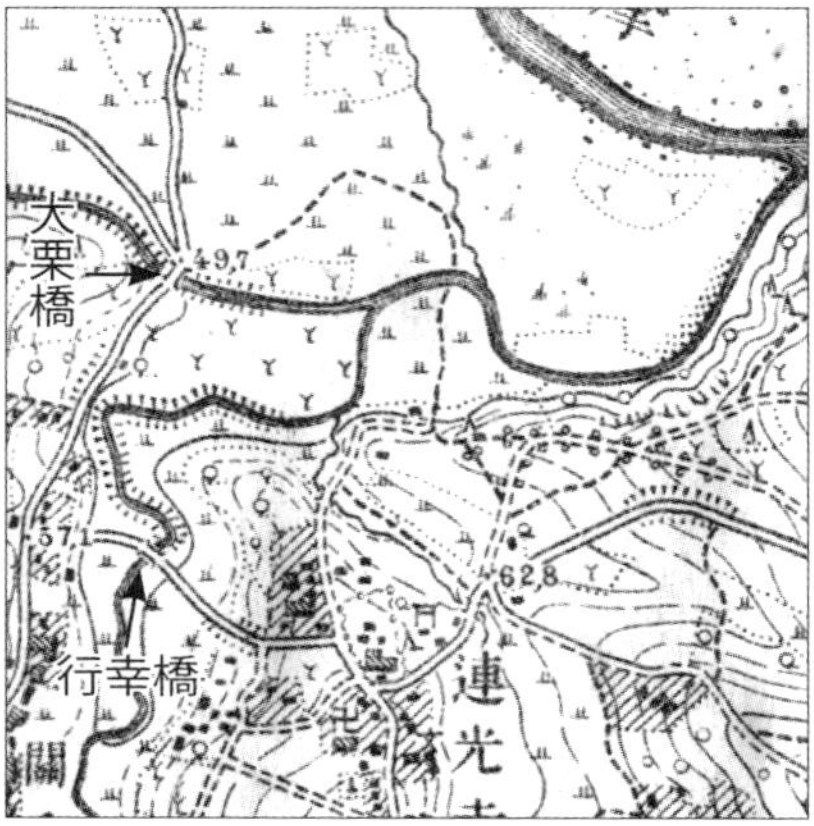

図 3-2：明治39年測量

図 3-3：昭和15年測量

道へと改修された様子を確認することができる。また、図内に記された橋梁名から、木曽免橋が「行幸橋」という名に改称されていることも確認できる。

大栗川橋の架橋が不可能になったことで、連光寺村にとって、稲毛・八王子往還や鎌倉街道に出るための橋は木曽免橋が唯一となった。そのため、主要な道も大栗川橋を通行した連光寺本村を北側に抜ける道から、本村中央を東西に通行する道へ代わり、道路整備が進められたのである。

2　木曽免橋の改称

村内の主要な橋となった木曽免橋が、「行幸橋」となったのはいつ頃のことであろうか。明治二七年（一八九四）四月の架け替えの際に作成された「御幸橋竣功報告文」によると、この時に、木曽免橋は初めて「御幸橋」と命名されたようである。

御幸橋竣功報告文

本橋ハ東京府南多摩郡多摩村連光寺字本村乞田川中流ニ架設セル橋梁ニシテ橋長三拾九尺幅員弐尺平積拾三坪木造ヲ以テ成レリ、該橋ノ位置ハ本区ノ西端ニアリテ本村北多摩郡府中町国道ヨリ分岐シ連光寺村御猟場ニ至ル里道ニシ且本郡稲城村府中往還ヨリ七尾村日野往還ニ連続スル里道ナリ、明治廿五年中神奈川県庁ニ請ヒ測量ヲ為シ又地方税補助里道ニ編入ヲ請願セシニ官其請ヲ許サレ、本明治廿六年度ニ至リ橋梁架替起工ノ命ヲ得テ茲ニ本区有志ト謀リ本年三月七日工事ヲ起シ、工費金百九円九拾四銭六里ト夫役百九拾余人ヲ費シ有志□勉工事ヲ担任シ四月三日ヲ以テ功ヲ竣レリ、依テ有志相謀リ橋名ヲ御幸橋ト命名ス、蓋シ此地明治十七年已来屡々畏クモ

行幸ノ幸アルヲ以テ永ク橋名ニ存セントスル謂所ナリ、明治廿七年四月八日ヲトシ渡橋ノ式ヲ挙ケ太田祠官

シテ
天神地祇ヲ祭リ又高齢者ヲ集メ渡橋ヲナサシメ以テ本橋ノ永遠不朽ヲ祈ル
明治廿七年四月八日
東京府南多摩郡多摩村長富沢政賢

「御幸橋」の架橋は、明治二五年（一八九二）に神奈川県庁に測量と地方税補助里道への編入を請願して認められ、翌年三月に工事を開始した。橋名は「有志」で決めたもので、その理由は「行幸ノ幸アルヲ以テ永ク橋名ニ存セントスル」ためであったという。富澤家の日記にこの様子を見ると、行幸橋に関すると思われる記述は明治二六年（一八九三）三月三〇日条に「道路之義」で村長富澤政賢が横浜に行ったという記述が最初である(40)（表4）。前述の測量と地方税補助に関するものであろう。

明治二七年（一八九四）に入ると明確に橋に関する記述がはじまる。一月二四日には区会で「御用邸ニ対スル本村橋及道路修繕之義」が議決されたとある。「御用邸」は明治一九年（一八八六）三月に富澤家内に建設された行宮のことで、明治一五年（一八八二）から大正六年（一九一七）まで連光寺を中心とする区域が指定されていた連光寺村御猟場や多摩川鮎漁などに天皇・皇族が来た際に宿泊所や休憩所として使用するため建設されていた(41)。「御用邸ニ対スル本村橋及道路」とは、先に図3-1・2に見た村内中央を東西に通る道のことであるから、改修はこの時に行われたものと考えられる。三月一四日に材料の調達が済むと二三日には工事が開始され、四月三日に落成した。この時の記述に「両詰へ土鋪人足勤」とあるから、道路と橋の段差をなくすために両詰にのみ土が敷かれた板橋であったと考えられる。その後、同月四日に東京府土木課による巡視を受けているのは、明治二六年（一八九三）四月一日に三多摩が東京府へ移管されていたためである。

四月八日に行われた渡り初め執行の記事でも、橋名は「御幸橋」と記されている。これ以前は「本村橋」とあ

表４　「富澤家日記」の行幸橋関係記事（明治24～37年）

月日	記　　述
明治24年	
9.13	昨夜出水ニテ木曽免川橋詰欠落通行止
9.14	村民道路普請木曽免川仮橋架
9.15	政賢昨日午後四時出発ニテ神奈川県庁江出張、本日木曽免川橋詰普請
明治26年	
3.30	政賢道路之義ニ付横浜行
明治27年	
1.24	政賢役場出務、午後学校ニテ区会当御用邸ニ対スル本村橋及道路修繕之義決す
3.14	政賢役場出務、本日本村橋板并小割物引取、小金寿之助外人足勤
3.18	政賢県道工事竣功并稲城往還府中往還橋梁諸材木検査トシテ小林郡吏出張ニ付同行ス
3.23	今日ヨリ本村橋大工職仕事始
3.24	本村橋柱建込仮橋掛人足弐拾人大工職三人
3.25	大工職四人橋工事午前人足
3.26	橋工事大工并人足午前勤
3.27	橋工事村人足
3.29	橋工事大工人足勤
3.30	橋工事大工人足勤
4. 1	橋工事大工并人足勤
4. 2	橋工事大工人足勤
4. 3	橋工事落成両詰へ土鋪人足勤
4. 4	本日東京府土木属池上氏出張、当村本村橋及道路水防所巡視
4. 8	本日開橋式、政賢出場、太田祠官奉幣、区会議員并満八十歳以上老男女召集渡り初執行、大工壱人たけ勤、橋名命御幸橋也
5.16	梅沢六平へ橋材木代金九拾三円七拾五銭芳次郎寿之助出向渡済、大松山雑木代残金拾円六平より請取済
明治31年	
3.23	本日東京府土木課行幸道見分
明治35年	
10.23	道路土木掛り村上氏来り行幸橋及鶴巻橋諸式見分小金案内
11.27	橋梁修繕落成ニ付土木課見分済
明治37年	
7.12	今曉川々出水、田畑水荒山谷□崩、行幸橋浮出、鶴巻橋詰石垣崩、大堰破壊
8. 2	行幸橋へ仮橋架始
8. 3	本日行幸橋仮架

（出所）　国文学研究資料館所蔵、富澤家文書、2050-24～37号より作成。

るが、これは橋の固有名詞として用いられているのか、「字本村の橋」の意味であるのか定かではない。その後、この橋について富澤家日記に記述されるのは明治二九年（一八九六）一月二一日条で、ここでは「行幸橋」と現在と同じ表記が遣われており、[42] その後はすべて「行幸橋」と表記されている（表3）。

昭和三年（一九二八）に刊行された『連光聖蹟録』には「行幸橋」の命名は「橋名は時の神奈川県令沖守固の命名」とされている。[43] 命名に沖が関わったとする一次史料を見ないが、仮にこれを事実とすれば、有志によって「御幸橋」と決められた後、沖が「行幸橋」と改めたと解釈する他ない。事実がどうであれ、「御幸橋」の表記はごく限られた時期に用いられたものであろう。

3 「聖蹟」としての行幸橋

行幸橋の誕生以前、同地において明治天皇行幸は、御料馬を繋いだ桜を「御駒桜」と命名して保存し、これを地域歌題の中に組み入れる、行在所とされた富澤家の当主政恕とその弟子が行幸を記念して詠んだ和歌の刷物を作成するなど、主に文芸活動を通じて記念されてきた。[44] こうした記念の形態は、昭和初期に史蹟名勝天然記念物保存法によって明治天皇「聖蹟」が指定されるようになる以前の、地域における行幸の記念方法の形態事例として貴重であるが、あくまで文芸活動を行う社会階層の人々の間で、郷土の由緒・歌題として共有されるものであった。しかし、生活に不可欠な村内第一の橋に「行幸」が冠されたことは、橋を通行し、橋梁名に触れる多くの人々に、明治天皇行幸の歴史を語り、日常生活の中で連光寺行幸を意識させる装置としての機能を得た「聖蹟の拡大」[45] であった。こうした意味において、木曽免橋が行幸橋と改称されたことは、連光寺における明治天皇「聖蹟」の記念・保存にとって、大きな画期であったのである。

連光寺には昭和五年（一九三〇）に明治天皇行幸やその他皇族の行啓・御成を記念する施設として明治天皇の

騎馬像を奉安する多摩聖蹟記念館が建設され、連光寺は同館や付近に建設された明治天皇御製・昭憲皇太后御歌碑、御野立所跡、御駒桜や行在所となった富澤邸などを有する「一大聖蹟地」として開発された。行幸橋はこの当時、連光寺への最寄駅であった関戸駅（現・聖蹟桜ヶ丘駅）から連光寺を訪れる人々にとって、聖蹟記念館に向かうための唯一の橋であり、最初に触れる「聖蹟」であった。

明治初期に村内第一の橋となって地域の交通を支えるようになり、また連光寺村御猟場の指定時期には「御用邸ニ対スル本村橋」としての意味を持ち、昭和初期には地域開発の主体となった「聖蹟」でもあった行幸橋は、近代の連光寺を象徴する存在であったと言えよう。

おわりに

連光寺本村を事例として、地域内の橋梁の移り変わりを追ってきた。近世中期から明治期の連光寺本村における橋梁の維持は、出水被害との闘いであった。村内中央を流れる川洞側に架けられた川洞橋・坂下橋は明和・安永期に石橋化が計られたが、主に玉川上水に架けられた北多摩とは対照的に、丘陵部の自然河川では石橋の安定性は低く、幕末期までには石橋は架橋されなくなり、短期間での修理や架け替えを前提とした土橋・板橋に回帰することとなった。

また近世を通じて村内の主要道であった稲毛・八王子往還が通る大栗川橋は、明治初期には出水被害によって橋の維持が難しくなった。そのため、横浜・八王子間の馬車道計画において、堅牢な橋を建設する構想が生まれたが、馬車道計画の取消しにより、実現せず、連光寺村の交通は村を北に抜ける大栗川橋から、西へ抜ける木曽免橋に支えられるようになった。大栗川橋から木曽免橋への移行は、明治一九年（一八八六）に乞田川・大栗川の合流地点の北岸が崩れ、大栗川橋の架橋そのものが不可能となったことで決定的なものとなった。木曽免橋は、明治二七年（一九〇四）、地方税補助里道への編入にともなう架け替え工事の際、「御幸橋（行幸橋）」と命名され、村内交通を支える橋梁として、また行幸を語る「聖蹟」の一つとして大きな役割を果たす存在となった。近世からの橋梁を中心とする村内交通の変遷を追い、行幸橋の橋梁としての役割を明確化したことで、「聖蹟」となったことの意義も明確化することができた。

地域史研究は、いかなる視点で取り組まれるにせよ、対象とする時代の、地域における日常生活の中の起きたできごとを切り取り、分析することに他ならない。単なる「事例」としてではなく、地域理解のための地域史研究の深化には、さまざまな視点から基礎的・個別具体的な詳細の検討を積み重ねられ、対象とする時代の日常生活が復原・理解されていくことが必要であろう。平成二九年現在、本稿が対象とした連光寺が位置する東京都多摩地域では、近年、自治体史編纂が相次いで事業化され、進行中である。自治体史編纂を通じて、基礎的な作業が積み重ねられ、同地域の地域史研究がより一層、深化されていくことを期待したい。

（1）連光寺村内には、本村・馬引沢・船郷・下河原の四つの地区がある。本村は村の北西に位置し、名主富澤家が位置する地区である。なお、村名は近世は「蓮光寺」と記され、明治以降は「連光寺」と記される。本稿では、両記述をまたぐ時代を扱うため、史料中の表記を除いて「連光寺」に統一した。

（2）紅林章央・前田研一・伊東孝「東京・三多摩地域における木・石・れんが橋の発展に関する研究」（『土木史研究』論文集二四号、二〇〇五年）

（3）福生市史編さん委員会編『福生市史』上巻、一九九三年、五六九—五七〇頁

（4）北原糸子「東京府における明治天皇聖蹟—指定と解除の歴史」（『国立歴史民俗博物館研究報告』一二一号、二〇〇五年）

（5）天保一四年九月「御上知ニ付書上候村柄明細帳控」国文学研究資料館所蔵、武蔵国多摩郡連光寺村富沢家文書一四八六―二三及び慶応四年九月「村差出明細帳」同前、一四八六―二三。以下、同文書群を「富澤家文書」とする。
（6）間宮士信等編・白井哲哉解説『新編武蔵国風土記稿』多摩郡四巻、文献出版、一九九六年、七―一六頁
（7）明和九年「村方所々石橋諏訪石之鳥居本村三社鳥居入用之覚」国文学研究資料館所蔵、富澤千司家文書、一〇二号。本節で特に注釈がない場合、典拠は同史料による。
（8）寛政元年「春日宮川ほら橋普請入用控帳」富澤家文書、一九七三―一号。同史料の標題にある「春日宮川」は川洞川と同一である。同川はこの他、上流部で神明下川、下流部では鶴巻（弦巻）川などと記され、現在は水源から大栗川への合流地点までを通じて大谷戸川と呼ばれる。
（9）寛保元年「（稲干場・大堰・小堰・土橋・馬捨場被下置候様願書扣）」富澤家文書、一八号
（10）明治二四年「公私用留書留」富澤家文書、一〇五四―二四号
（11）文政七年「大栗川橋掛立勘定調帳」富澤家文書、二一三六号。同史料は大栗川橋の架替・修繕のための資金の勘定帳であるが、文政七年（一八二四）の記述に川洞橋の「板代」が書上げられているから、少なくとも同年の段階では川洞橋が板橋とされていたことが確認できる。
（12）前掲、紅林他「東京・三多摩地域における木・石・れんが橋の発展に関する研究」
（13）天保七年「（延享三年御高入持添新田並新秣場あら絵図）」富澤家文書、八四九号
（14）文政元年「大栗川常橋勧化覚帳」富澤家文書、二一三七―一号
（15）前掲「大栗川橋掛立勘定調帳」
（16）天保一五年「日曜雑記」四月九～一四日条、富澤家文書、二〇四九―一号
（17）嘉永二年「御用留日紀」五月二五日条、富澤家文書、二〇四九―一六号
（18）同前、八月二一～二五日条
（19）安政六年「御用留日紀」富澤家文書、二〇四九―一六号
（20）明治元年「御用留日新記」富澤家文書、二〇五〇―一号

(21) 同前
(22) 慶応四年「大栗川橋掛替勧化并諸入用覚帳」富澤家文書、二一三七―二号
(23) 前掲「御用留日新記」
(24) 明治五年七月「武蔵国多摩郡連光寺自普請橋梁書上帳」(同前、二一四九号)。同史料と同様の内容を含む史料として、明治五年九月「武蔵国多摩郡連光寺村川々堤防等自箇所取調帳」(同前、一四七九号) がある。
(25) 「(明治初年触書類)」富澤家文書、一〇二二号
(26) 明治一二年「連光寺村誌」同前、一四九〇号
(27) 詳細は後述するが、「多磨・大栗ノ二川該橋場ニテ合流」は誤りで、正しくは「乞田・大栗ノ二川」と思われる。
(28) 明治三一年「公私日記」六月五日条、同前二〇五〇―三一号
(29) 明治九年「丙子日新録」富澤家文書、二〇五〇一九号
(30) 明治一二年七月「連光寺村会議事傍聴録」多摩市史編集委員会編『多摩市史』資料編三、多摩市教育委員会、一九九六年、二三五頁
(31) 落合の移り変り編集委員会編『写真集 落合の移り遷わり』落合地区ニュータウン協力者親睦会、一九九三年
(32) 明治一一年九月「災害ニ付困民御救助願」国文学研究資料館所蔵、武蔵国多摩郡和田村石坂家文書、二〇九号
(33) 安藤陽子「維新期多摩郡の管轄替えと行政区画―品川県を中心に―」(多摩川流通史研究会編『多摩川・秋川合流地域の歴史的研究』多摩川流域史研究会、一九八九年)、『多摩市史』(通史編二 近代) 九五―九六頁。
(34) 馬車道計画についての研究には鈴木芳之「開港地横浜と八王子を結ぶ新シルクロードの開発計画」(『交通史研究』二六号) 及び森本「横浜・八王子間馬車道新設計画と「地域」開発―地域の対応にみる地域民衆の実像―」(『法政史論』二〇号、一九九三年) がある。本論における馬車道計画の概要については、この他に多摩市史編集委員会編『多摩市史』通史編二 近現代、一〇三―一〇八頁を参照した。
(35) 明治八年「馬車道新築説諭につき請印帳」前掲『多摩市史』資料編三、八五頁
(36) 「大栗川橋梁入費見積書上」多摩市教育委員会保管、富澤家文書七八七九号

（37）前掲『多摩市史』通史編二　近現代、一〇七―一〇八頁
（38）同前、二三五―二四八頁
（39）明治一九年「日新記」富澤家文書、二〇五〇―一九号
（40）明治二六年「日々新誌」同前二〇五〇―二六号
（41）連光寺村御猟場及び「御用邸」については、拙稿「連光寺村御猟場再考―利用実態の分析より―」（公益財団法人多摩市文化振興財団編『パルテノン多摩博物館部門紀要』一二号、二〇一四年）、拙稿「連光寺村御猟場日記を読む―明治一七年～二八年」（多摩市教育委員会編『連光寺村御猟場日記』多摩市教育委員会、二〇一六年）を参照のこと。
（42）明治二九年「日記簿」二〇五〇―二九号
（43）児玉四郎編『連光聖蹟録』聖蹟奉頌連光会、一九二八年
（44）拙稿「在村文芸と明治天皇行幸―南多摩郡連光寺村を事例に―」（公益財団法人多摩市文化振興財団編『みゆきのあと―明治天皇と多摩―』公益財団法人多摩市文化振興財団、二〇一四年）
（45）「聖蹟の拡大」は、朴晋雨が「明治天皇の「聖蹟」保存について」（『歴史評論』四七八号、校倉書房、一九九〇年）において、行在所とされた家だけで共有されていた由緒・記録が行幸誌の編纂や史蹟名勝天然記念物保存法による聖蹟調査・指定を経て、地域に共有されていく様を表わして使用した表現である。

第七章　自由民権運動からみる「三多摩」という地域認識

松崎　稔

はじめに

旧神奈川県域の自由民権運動研究は、「三多摩」「横浜・川崎地域」「相州」の三地域に分かれて進められ、当時の県域が一つの運動領域として描かれることは少なかった(1)。当時の神奈川県は、武蔵六郡（北多摩・西多摩・南多摩・橘樹・都筑・久良岐の各郡）と相模九郡（津久井・高座・愛甲・鎌倉・三浦・大住・淘綾・上足柄・下足柄の各郡）から成り立っていた。武蔵六郡は「三多摩」と「横浜・川崎地域」に分けられ、相模九郡は一つの地域として描かれてきたということになる。明治一一年の「郡区町村編制法」施行により、もともとの多摩郡が東西南北の四郡に分割され、そのうち三郡が神奈川県、東多摩郡のみ東京府ということになった。つまり、分割される以前の「多摩」はいわゆる「三多摩」の領域ではないし、多摩郡は府県域をまたいでおり、「郡区町村編制法」施行まで、郡は行政単位とされていなかった、といえよう。

「三多摩」の民権研究は、『三多摩自由民権史料集』に代表されるように、色川大吉の描いた民権運動像の影響が大きい。その影響もあるのだろう、『自由民権運動研究文献目録』[2]では、都道府県ごとの研究文献目録で、東京のみは「東京①」（＝現区部）と「東京②」（＝「三多摩」地域）に分かれている。民権運動が展開した時期には「三多摩」は神奈川県に属していたことからすれば、本来「三多摩」は神奈川県に含めて整理されるべきなのだろうが、現在の都道府県領域を前提とした整理がなされているのである。「三多摩」という民権研究上の地域認識も、現代の行政区分や地域認識に左右されてはいないだろうか、ということも疑うべきだろう。そして、当時の多摩地域に住む人びとの民権運動はどのような地域認識のなかで展開してきたのか、を再検討する必要があろう。その際、前提として当時の行政単位である県域・郡域に注意を払うことが求められよう。また、民権運動は、国政を意識した政治運動である以上、常に連携・連帯・拡充を目指す側面があるので、地域認識は重層的であろうし、行政側の打ち出す政策や地域区分により変化する可能性にも注意しなければならないだろう。

「三多摩」の民権運動の内実を見ると、南多摩の行動力、西多摩の学習・憲法草案起草活動により充実した運動とされ[3]、北多摩は運動の低調な地域というイメージで描かれてきた[4]。このように、実際は郡としての特徴が顕著であるにもかかわらず、郡単位の運動像を描くことには消極的で、南多摩と西多摩の運動が互いに不足分を補い合っていたため、運動の充実した姿を描くには両郡を一つの地域内に収めておくことが効果的であり、その意味で、「三多摩」という現代の地域認識を研究上の地域としてそのまま持ち込み設定することが、好都合だったとも考えられる。梅田定宏は、この「三多摩自由民権運動」像の克服をめざし、北多摩郡における民権運動の領袖吉野泰三を軸に、郡という単位を重視し、「三多摩」の民権運動からその後の政治運動の構造を描き直した[5]。しかし、「三多摩」が一つの選挙区となり、「三多摩」移管が大きな焦点となる国会開設後の政治構造に重きを置いた梅田には、「三多摩」の枠を越えた地域認識は希薄である。

一方、『武相自由民権史料集』が「武相」（＝旧神奈川県域）を一地域と設定したことは、実態に即した地域認

識で民権運動を描き直そうと試みたという意味で、新たな研究の地平を開こうとした試みといえる。(6)

以上の視点に立つとき、「三多摩自由民権運動」という領域設定とそれに基づき描かれてきた運動像は、当時の運動の実態に即した運動領域・地域イメージを確認したうえでの再編が求められているといえよう。(7)「大衆化」をめざした政治運動である民権運動は、団結や呼びかけの際に、対象となる地域・領域・境界が意識され、時には明示されるはずである。本論では、現「三多摩」地域における民権運動の展開を追いながら、運動が設定した地域・境界の変遷を明らかにしたい。具体的には神奈川県域と西多摩・南多摩・北多摩各郡域を意識しつつ、「三多摩」という地域イメージがどのように形成されてきたのかを考察したい。

一　初期の自由民権運動と地域認識

1　はじまりとしての神奈川県会

「府県会規則」に基づき一八七九年（明治一二）二月に選挙が行われ、翌月神奈川県会が開かれる。選挙は郡を単位にしており、選挙事務を担ったのは「郡区町村編制法」により設置されて間もない郡役所だった。当時の選挙は立候補制ではなかったため、選挙権者は被選挙権者全員のなかから自らが推す人物を投票した。当時の人びとにとって、村内で行われる入れ札や村会議員選挙の経験はあったかも知れないが、県という広範囲な行政区域の予算審議を行うため、郡というこれまた広範囲な地域を単位として議員を選ぶという行為自体が、初めての経験だった。(8)

選挙結果の公表は定められていなかったが、(9)神奈川県では南多摩郡で選挙結果に疑問の声が上がり、郡吏が投票結果を『横浜毎日新聞』に投書して公表する。(10)それでも南多摩郡の選挙結果への不信は一八八一年（明治一四）

まで続き、最終的には南多摩郡の選挙に不正があったことを県が認め、選挙はやり直しとなり郡長は辞任する、という事件も起きた。それ以外にも、選挙結果に対する疑念や公表を求める声が散見された。[11] この一八七九年の県会議員選挙は、県域・郡域を（特にこれまで行政区域としてほとんど意味をなさなかった郡を）強く意識させただろう。

三月二五日に召集された県会議員は、互選で南多摩郡選出の石阪昌孝を議長に選出し、審議をスタートさせる。しかし、採決済みの議案を蒸し返す議員がいたり、欠席議員の委任を受けていると主張する議員がいたりと、当然ながら最初からうまくは進行しない。議長の石阪は憤りつつ説教とも取れるような演説を始める。[12]

抑々県会開設の義は実に重大の事なれ共諸君の中或は其原因を了解せられさる人なきにしもあらざるべしと見受けたり……改まりたる場所に臨み民間の集会相談を拡張して議会とか県書（会）とか申すことに立至るは実に一般の事が進歩したる明証にして我々に於ては大に喜ぶべき事なり

ここで石阪は、県会の実現を進歩の証であると高く評価して県会の重要性を主張する一方、その重要性を理解しない県議がいると指摘する。そして、議員たちに次のように求める。

議員諸君に於て言語も成る丈雅に致し発言の順序も書取れば直ちに文章を成す様に致したし去ながら性来訥弁にし言語往々忌諱に触るゝ拙者の如き者あるもまた知るべからずと雖ども希くは満場の各員十分に胸中を吐露し且つ務めて篤実徳義上より議論を発せらるゝ様に致し度なり……横浜は五港の第一に位して斯る大厦高楼あれば之を借りて議場となすと雖ども或はこの美麗に眩惑して胸中の薀奥を尽す能はずして退て後言なき様お尽し下され度この義は別段に願ふなり

石阪は、「雅」でそのまま文章にできるよう発言することが理想で、訥弁であっても「十分に胸中を吐露し」てほしいと訴える。要するに石阪は議員にふさわしいスピーチ力を求めたのである。さらに近代都市横浜の「大厦高楼」を議場にしていることで浮ついた気分になってはいないか、と叱咤し、次のように締め括る。

この発会は所謂ゆる二葉の苗木と同様漸く萌芽を生せし者なれば各議員の勉励によりていよ〳〵盛大に赴き遂に之れを拡張して国会と迄至れば独り諸君の栄誉のみならず実に我か神奈川県の栄誉とも云はん故に拙者はこの二葉なる発会が速に喬木となり虫にも食れず風にも逢はざるを是れ祈るなり希くは漸く進歩して国会迄に上らんと欲す是れ大言に似たりと謂ども決して然らず終には此の会をして各国に跨《(誇)》るに足る喬木とならしめんと偏に諸君に祈る所なり

神奈川県会を樹木にたとえ、双葉の苗木の状態にある現状から、国会の実現にまで達し「喬木とならしめん」ため、「各議員の勉励」を求めているのだ。

石阪の演説には、今後の民権運動の展開を考えるうえで注目すべき点が二つある。一つは議会での語り方を重視している点、二つ目は議場が開港場横浜にあることを強く意識し、神奈川県会の成功が国会開設へとつながると考えている点である(13)。県会は、議員に県会から国会へというビジョンを提示するとともに、スピーチ力が不可欠だとの自覚と、県・郡という地域認識を持つきっかけを与えた。神奈川県における民権運動が本格的に始まるのに、県会の与えた影響は、単なる議会経験以上の意味があったといえよう。

2　武蔵六郡懇親会と五日市の動向

石阪自身は、怒りが収まらずまもなく議長を辞任するが、この演説が県内の民権運動に与えた影響は大きく、一八八〇年（明治一三）にはいると相州の県議たちは国会開設運動に奔走し、武州では県議を中心に広域の懇親会が開かれ、それが地域の民権運動を担う結社の組織化へと発展する。

同年一一月二八日には、枕橋八百松楼で神奈川県人懇親会が開かれ、六〇名が参加、続いて一二月五日には北多摩郡府中駅の高安寺で武蔵六郡懇親会が開かれ、一五〇余名が参加、翌年一月三〇日には、南多摩郡原町田村の吉田楼で武相懇親会が開かれ二〇四名が参加しているように、広域の懇親会が次々と催された。なかでも県内で開かれた武蔵六郡懇親会と武相懇親会は、開催地周辺の民権運動昂揚に大きく影響する。

武蔵六郡懇親会の同日午前中に、近隣の称名寺で勧業教育演説会を開催しており、こちらは聴衆三〇〇名を数えた。この演説会・懇親会には、嚶鳴社員の野村本之助・肥塚龍が弁士として招かれている。

懇親会当日からの吉野泰三の行動を辿ってみよう。[14] まず、一二月五日午前中から始まった称名寺での演説会の後、夕方から武蔵六郡懇親会に出席する。そして、翌日開会の県会に出席、備荒儲蓄関連法案の審議が行われ、吉野は廃案論者として積極的に発言している。しかし、一〇日午後から一三日まで過半数割れの休会が続くと、その期間を利用して北多摩郡蔵敷村の内野杢左衛門と上京、河野広中や沼間守一、野村本之助、植木枝盛らが集い開かれた自由党準備会に参加し、「自由改進党結成盟約」締結の場に同席していた。一四日に再開される県会には吉野の名がある。県会では備荒儲蓄関連法案が一度廃案を決議したのに対し、内務卿が再審議を指示するが、再び廃案決議となり一九日に散会する。

吉野らは、翌年一月五日に府中駅松本楼で北多摩郡有志の懇親会を開催し、この席上で自治改進党が結成される。自治改進党の特徴は、郡長砂川源五右衛門、郡書記比留間雄亮ら郡吏が主要なメンバーで、北多摩郡の各村から参加者がいることである。郡長と郡吏、郡選出の県議が主導し結成され、各村からは有志というよりは代表者といった意味合いが強い参加者により成り立っていたといえよう。自治改進党は定期的に会合を開いて規則や運営方針の細部を決定しつつ、演説討論会を開いて活動を軌道に乗せていく。その後一年程で、吉野ら中心人物が自由党に合流し始めると、自治改進党の活動は終わりを迎えたようだが、自治改進党で培った北多摩郡有志のネットワークは、『武蔵野叢誌』の発行を下支えしたし、国会開設（一八九〇年）前後の北多摩郡正義派の人脈にも生きていく。

県議は語り方の重要性を自覚し、その課題を克服すべく地元での活動を開始する。五日市では「県会議員土屋勘兵衛氏の誘導教示」により、「随分《ずいぶん》議事の体裁《ていさい》も能《よ》く整備《せいび》し場中実《ぢやうちうじつ》に静《しづ》かな」町会が運営され、嚶鳴社員を招いての演説会が計画されている(15)。この動きが、翌年には自ら討論を行う結社の組織化へと向かう。これが五日市で結成された学芸講談会である。学芸講談会で重要な役割を果たした一人が深沢権八である。深沢は、「五日市憲法草案」の起草者千葉卓三郎の忠告を受けながら討論会運営に苦心する(16)。

武蔵六郡懇親会に話を戻すと、五日市町の県会議員土屋勘兵衛はこの場で、嚶鳴社憲法草案郵送の約束を野村本之助に取り付け、千葉の憲法草案起草をバックアップしている。

また、同会には、深沢権八・千葉卓三郎も出席し、千葉は演説草稿とも思える政論草稿を吉野に手渡している(17)。千葉の政論は、国家は人民の反射で、立憲国家実現には国民が進取の精神を持つ開明的な国民になる必要があると説き、進取の気性を修めることを求めた。それに対し吉野は、千葉の反射論は専制国家では人民が国家の反射になり成り立たないと反論し、進取の気性を養う努力の一方、立憲制や自由の要求する意義を強調し、国家への自由・権利要求と人民の「自治」精神とのバランスの重要性を説いた。千葉はこの後「五日市憲法草案」の起草に本腰を入れるが、この時期千葉が政治論を闘わせたことが確認できる相手は吉野のみである。

千葉は、憲法草案起草の重要な時期に北多摩郡奈良橋村の鎌田家に寄留している(18)。鎌田家には、中村正直の同人社で英学、明治法律学校で法律を修めた鎌田喜三という青年がいた。千葉は喜三の法学の知識を憲法起草に採り入れようとしたのかも知れないが、なぜ鎌田家に寄留したのかを確認する術はいまのところない。喜三は、同年九月に狭山村の円乗院で開かれた自由懇親会の開催に関わる。寄留中の千葉は、そこで「自由」の理が明らかでなければ「民権」は起こらず、「民権」が起こらなければ「自治」の気性は振るわないとの演説をし、国会開設の必要性などを訴える。人びとに進取の気性獲得の努力を求めた武蔵六郡懇親会での千葉の考え方からは、大きく変化している。吉野的「自由」「自治」論への転換とでもいえようか。吉野の反論、深沢権八ら五日市の人びとによる学芸講談会の活動、鎌田喜三という青年との出会いが千葉の現状理解や運動論に大きな変化をもたらしたのではなかろうか。

県会は、県議らに広域の連携・連帯という課題を意識させた。その結果計画されたのが武蔵六郡懇親会である。ただしこの時点で広域連携の領域として意識されたのは、武州六郡であり、相州九郡はこれよりさきに国会開設運動に力を注いでおり、武州・相州分かれての運動となっていた。また、武蔵六郡懇親会開催に主導的役割を担った府中駅周辺の有志はその勢いを利用して自治改進党の結成を実現するが、その際に意識された領域は北多摩郡であり、郡長・郡吏が深く関わっていた。一方、五日市地方の民権運動にとっても、嚶鳴社憲法草案の入手、千葉・深沢と吉野泰三との思想的交流が実現するなどの機会ともなった。また、千葉が憲法草案起草活動を本格化したと思われる時期、身を寄せていたのは北多摩郡奈良橋村の鎌田家だった。県会の創設により意識された県域と郡域、そして郡域を超えた広域連携をめざす範囲として意識されたのは、県を二分する武州・相州だったといえよう。

3　武相懇親会から融貫社へ

南多摩郡では、一八八一年（明治一四）一月三〇日原町田村の吉田楼で武相懇親会が開かれる。この懇親会を主導したのは石阪昌孝で、会場となった原町田村は武州・相州の境界に接しているうえ、神奈川県のほぼ中央に位置するという地理的環境もあり、武州・相州に分かれて展開していた運動の統合をめざすのに適した場所だった。また、南多摩郡は、北多摩・西多摩・津久井・高座・鎌倉・都筑・橘樹の七郡と接していることも、県全体の有志を集め、束ねるのに最も適した場所だったといえよう。

弁士として同会に招聘された末広重恭は、「世の中の成り立ち」の題で演説をする(19)。そのなかで、懇親会の名称に「武相」を冠しているにもかかわらず参加者は「多摩川以南相摸(模)川以北ノ人ニ過ギ」ないと指摘し、「此会ヲ拡充シテ武蔵相摸ノ全国ニ及ボシ武相二国ノ勢力ヲ以テ天下ヲ風靡スルノ計ヲ為サザルヤ」と高い目標を掲げ、鎌倉・徳川両時代に政権を担ってきた地としての気風を強調して、武相アイデンティティの誘発を狙う。そして「我ガ邦ノ民権ハ萌芽ヲ関西ニ発スルト雖トモ之ヲ成就スル者ハ必ラズ関東ニ在リ」と、より広い「関東」との地域認識を提示しつつ、奮起を促す。そしてこの懇親会の結果、同年一一月に武州・相州にまたがる広域の政治結社「融貫社」が組織される。残念ながら融貫社の社員名簿が発見されていないため、実際の社員の分布範囲は確認できないが、橘樹郡溝ノ口村の上田忠一郎が規則制定の会議に出ていたことは確認できるので、南多摩郡域を超えた結社だったことは間違いないだろう。

融貫社より前に広域連携をめざした結社は、郡域を一つの領域としており、それを越えていない。その意味で、融貫社が南多摩郡を基盤としながらも、郡域を越えた地域を領域として意識し結成された意味は大きい。

二　自由党傘下で再編される地域認識

一八八二年（明治一五）一月一〇日、融貫社では自由党の支部として活動することが合意される。自由党支部は原則県域を単位とすることとなっていた。融貫社が県全域を意識した支部設置を構想していたのかは不明だが、武相懇親会を開いた経験を前提にしていることから、「武相」（県域）の団結を目標にしていた可能性も否定しきれない。少なくとも南多摩郡域を越えた広域な範囲が意識されていたことは間違いないだろう。しかし、七月に「集会条例」が改正され、政社の支部設置、政社間の連携が禁止されたことにより、郡域や武州・相州の境をも越えた領域をイメージして活動を展開した融貫社は学習結社融貫社講学会への改編をめざし、融貫社の主要メンバーは直接自由党本部への入党手続をする。西多摩郡五日市町を中心とした学芸講談会、北多摩郡全域を範囲とした自治改進党もほぼ同じ時期には活動を確認できなくなる。「集会条例」改正への対応として、融貫社結成時に設定した武相という地域イメージも、郡単位の地域認識に基づく団結も一旦棚上げされたといえよう。

しかし、翌年六月に自由党総理板垣退助が欧州視察から帰朝すると、事態は変わり始める。板垣は帰朝後すぐに、全国の党員から寄附金一五万円を集められなければ総理を辞任すると発言し、停滞していた自由党の活性化を狙う。自由党常議員会では寄附金合計額を一〇万円にすることで板垣の了解を得、自由党は各県ごとの寄附金徴収活動を始める。この事情を受けて、支部禁止・結社解散により一度棚上げされた地域連携の再構築が求められることとなる。南多摩郡では、八月二〇日に大塚村清鏡寺で集会を開き、「南多摩郡自由党員内規」を制定、理事長と地区ごとの通信委員を設置したことが、報道書「第壱報」[20]で報じられた。

「第二報」[21]では、河野広中や林包明の家族への扶助金（義捐金）が「他府県下ヨリモ弗々寄送ノ摸様」なので、九月「三十日限リ取纏メ理事へ送附相成度然ル上ハ全郡党員ノ名ヲ以テ速ニ之レヲ本部ニ贈ルベシ」との方針が伝えられている。また、寄附金徴収の目的を兼ねて内藤魯一・加藤平四郎が党中央から派遣されるとともに、「地方準備金ノコトニ付本郡都筑高坐ト共ニ党員中ノ有志者相謀リ既ニ計画中」で、このことは「地方ノ団結鞏固ナラシムルノ基礎ナレハ賛成アルヘキコトナリ」と報じている。ここで確認しておきたいのは、南多摩郡の自由党員にとって結束すべき地域として都筑・高座両郡が意識されていることで、北・西多摩両郡ではないことである。これは、融貫社の地域イメージを引き継いでいるといえるだろう。

「第三報」[22]では、九月一七日に八王子で催された懇親会の席上で、中島信行から「講学会ヲ興シ政治法律経済等ノ課目ヲ教授シ之レニ充ツルニハ相応ノ学士ヲ聘シ学館ノ位置ヲ定メ而シテ地方ノ巡回ヲナサシムル等便宜（宜）ノ方法ヲ設ケ智識ヲ研究シ壮年士弟ヲ養成スベシ」との提案が出て、翌日にはその提案が採用され、そのための寄附金徴収の方針が決まったと報じられている。また、中島の提案により、代言事務所を設立して党務・八王子組の通信を担わせる方針も報じられている。「第四報[23]」では、代言事務所を東京の広徳館と気脈を通じるとの意識から「八王子広徳館」と称し、一〇月一三日に星亭・北田正董を招いて開館式を開くことが報じられたほか、河野広中・林包明の家族への扶助金の送付や講学会の運営に関わる情報が報じられている。さらに「第五報[24]」では、講学会の講師が「中島信行君ノ紹介ニ拠リ教員佐々木某」に決定したこと、党本部会議前に南・西・北多摩三郡での会合を八王子広徳館に開き、意思統一をしておく計画であることが報じられている。興味深いのは、この時には南多摩郡が中心になり多摩三郡での協議をしていることである。

以上のように、党中央の寄附金と義捐金の徴収という需要に応じるために南多摩郡では、通信事務を担う拠点としての代言人事務所八王子広徳館と、若手活動家の思想形成を目的とした学習結社多磨講学会が設立された。多磨講学会は八王子・日野・相原・柚木・図師・原町田といった南多摩郡域を巡回開講する計画[25]をたてており、「多磨」と称しているが「南多摩」に限定した結社だったと言えよう。地域の団結という課題は、自由党の寄附金募集方針に伴い、再度棚からおろされた。地域連携の再構築で想定されたのは、南多摩郡域だった。そして南多摩郡は、旧融貫社の領域だった南多摩・都筑・高座という三郡と、多摩三郡とを使い分けながら、郡域を越えた地域連携で主導的な役割を担い始めていたといえよう。

三　自由党解党から国会開設へ

政党支部の禁止という事情により棚上げされていた地域連携の地盤形成は、自由党中央の寄附金・義捐金徴収という需要に応えるためにその棚から再びおろされることとなったが、一八八四年（明治一七）一〇月の自由党解党により再び方針転換を余儀なくされる。翌一一月、南多摩郡の旧自由党員の主導で八王子広徳館に神奈川県苦楽府が組織される。ただし、役員は諸務を整理する幹事が三名、各郡に通信を担う委員一名という簡易なもので、基本的な活動は年二回の集会程度にしか定められていない[26]。自由党中央の需要にあわせて再編された地域連携は、求心力となっていた自由党の解党という状況下でその存在意義を失う。その際、地域連携の遺産をどのように維持するかが課題となるが、そこで従来から自由党員数で圧倒していた南多摩郡[27]が主導し、県全体の緩やかな連帯をめざしたのである。これは、寄附金・義捐金徴収といった具体的なノルマが消滅したことで、可能となった目標ともいえるが、一方で地域連携の意味自体が希薄となり、充実した活動は望むべくもなかった。年に二回集会を開くことが当面の活動とされたのはそのような事情からだろう。そして、大阪事件が発覚し、代言事務所として八王子広徳館の活動が繁忙を極めたこともあり、実際にはその目標自体の実現も困難となった。

ただし、一八八七年（明治二〇）ころから、状況は徐々に変化してくる。第二世代ともいえる若手の活動家が運動に参加し始め、「壮士」として世間の注目を集め始めるとともに、憲法発布・国会開設が迫るなかで、行動力のある彼らを含めた地域連携が課題となってきたのである。

一八八八年（明治二一）六月には、神奈川県通信所が設置される。当初仮事務所は八王子広徳館代言人の小林幸二郎方とされており[28]、南多摩郡の旧自由党員がその主導権を握っていたことがわかる。事務所は間もなく横浜に移転し、森久保作蔵・窪田久米が実務を担う通信委員に就き、[29] 本格的に活動を開始する。詔勅により約束された一八九〇年の国会開設を意識して、再度旧自由党員の団結に向けた手始めとして、ひとまず連携への足がかりとして通信事務所を設置したもので、郡ごとに監督が置かれ、県全域への情報伝達のために郡という単位が念頭に置かれたことがわかる。同年六月には、国政選挙を意識して県内の団結をめざした組織、神奈川県倶楽部が組織される。中央に幹事が、郡ごとに常議員が置かれ合議による組織運営がなされた。

一方、穏健派の旧自由党員は、「壮士」の粗暴な行動を肯定し、抱え込んで連帯をめざす神奈川県通信所・神奈川県倶楽部（南多摩郡を中心とする旧自由党主流派）の方針と距離を置きはじめる。その象徴的存在だったのが北多摩郡の吉野泰三で、彼を中心に北多摩郡正義派が組織される。神奈川県通信所が県域全体の意思統一のための情報伝達を目的にしていたのに対し、神奈川県倶楽部は各郡の意向を尊重しながら運営することを意識した規則となっていたが、これは吉野泰三ら穏健派をも抱え込んだ一大組織を構想していたためと思われる。

一八八九年（明治二二）二月に「大日本帝国憲法」の発布とともに「衆議院議員選挙法」が公布されるが、ここで多摩三郡が一つの選挙区（神奈川三区）となる。当時は小選挙区制だったが、神奈川三区は全国的にも少ない二人区で、当時の選挙制度では二人区の場合連記制を採っていた。

○三多摩の候補者《こうほしゃ》　神奈川県下第三選挙区なる南西北多摩郡にては二人の衆議院議員を撰挙《せんきょ》する筈なるが其候補者として昨年来運動《うんどう》する人は凡そ十名程もあるよしなれど何れも土地の人のみにて外来《ぐわいらい》の有志あるを聞《き》かず其土地中にても幾多《いくた》の分裂《ぶんれつ》を生じて未だ確乎《かくこ》たる候補者なき姿《すがた》ながら吉野泰三中溝昌弘の両氏を推《お》すの一派は稍《や》や勢力《せいりょく》あるもの、如くなれど神奈川県倶楽部員等は石阪昌孝、瀬戸岡為一郎二氏の為めに尽《じん》力《りょく》する処ある摸様此外一騎打ちとして頻《しき》りに奔走する人は北多摩郡長なる砂川源五右衛門氏、八王子組合代言人小林幸二郎氏、元神奈川県会郡部会議長青木正太郎氏、元県会議員中村克昌氏等なりと云ふ[30]

これは神奈川三区での候補者選定時の景況を報じた新聞記事だが、神奈川県倶楽部は石阪昌孝（南多摩郡）・瀬戸岡為一郎（西多摩郡）を推し、吉野泰三（北多摩郡）・中溝昌弘（南多摩郡）を推している一派は北多摩郡正義派などの穏健派だろう。多摩三郡は、有権者数からすると多い方から南・北・西の順となり、順当にいけば南と北から当選者が出るのだが、連記制はそれを複雑化させる。有権者の多い南多摩と手を組めば、有権者数の少ない西多摩であっても南多摩の票により北多摩を上回る得票が可能となるため、北多摩郡正義派はもう一人の候補者として南多摩郡の候補者を推す必要があった。各郡からの代表者を一名ずつ国政に送り込むことができないため、各郡・各勢力は自郡・自勢力の利害を意識しつつ、「三多摩」を念頭に置きながら、南多摩郡を意識した選挙戦を展開せざるをえなかったといえよう。

では、神奈川県通信所が横浜に事務所を構えた後、八王子広徳館はどうなるのか。一八八八年（明治二一）六月に八王子倶楽部と改称し南多摩郡の旧自由党員事務所として利用され、第一回総選挙を終えた一八九〇年八月に多摩倶楽部と改称している。(31) これも総選挙を闘った結果「三多摩」という領域が意識され、それを名称に採り入れたと考えることができよう。

南多摩郡が郡内の自由党員内規を編んだように、課題達成のために現実的な領域が「郡」だった。しかし自由党解党により、それまで自由党中央から与えられた寄附金徴収などの課題から解放される。自由党という求心力を失う危機の一方で、課題からの解放は神奈川県というより広い領域での団結を可能にしたともいえよう。それが神奈川県苦楽府であり、神奈川県通信所・神奈川県倶楽部だった。

しかし、一八八九年（明治二二）に衆議院議員選挙の選挙区が示されると、否応なく選挙区を新たな地域の単位として意識せざるを得なくなる。「三多摩」はこの時選挙区となることにより、強く意識された地域の単位だった。ただし、「三多摩」という地域イメージとともに、やはり重視されたのは郡という単位でもあった。

四　三多摩移管と地域認識

前節で見たように、「三多摩」が一つの地域として政治運動のなかで明確に意識されたのは衆議院議員選挙の選挙区とされたことによるが、当時の衆議院議員選挙は制限選挙だったことから想像すれば、この際の「三多摩」という地域認識は住民全体に行き渡るものではなかったともいえる。「三多摩」を強く意識させるきっかけとなったのは、やはり「三多摩移管問題」だろう。

三多摩移管の経緯はこれまでも論じられてきているので、[32]ここでは地域イメージとの関連でのみ触れていくこととする。一八八九年（明治二二）から翌年にかけて北多摩の有志を中心に「北西多摩管轄替建白」の提出が計画されるが、これは、明治初頭の玉川上水通船以来の西多摩北多摩から東京への経済生活上のつながりが意識されたものだろう。[33]つまり、神奈川三区で北多摩郡正義派から代議士を選出する可能性として南多摩郡と選挙区を異にする必要があり、そのためには南多摩郡を残し、三多摩を分断するかたちでの移管をめざすという判断がなされた可能性もあろう。

しかしこの要求は実現には至らない。実際に三多摩移管問題が浮上するのは、一八九二年（明治二五）の第二回総選挙で行われた選挙干渉への責任追及として県知事が辞職に追い込まれる一方、玉川上水を一括管理のため北・西多摩両郡が欲しい東京府と、自由党の牙城南多摩郡を手放したい神奈川県の思惑から、三多摩まとめての移管が合意されたことが推定されている。東京府の玉川上水一括管理は以前より課題にあがっていたことから考えると、自由党対策として移管は実現化していったと推定されてきたが、この解釈には説得力がある。翌年二月移管法案が国会で可決され、四月から三多摩は東京府に移管することとなる。

移管に際しては南多摩郡を中心に反対運動が、北多摩郡を中心に賛成運動が展開するが、それは両者とも、生活・文化・経済・地形等を前提に、一つの地域としての「三多摩」像を再構築しながら展開された。[34]そこでは、当事者からは動く、動かされる「三多摩」、三多摩以外の神奈川県からは去っていく「三多摩」として意識されただろう。

では、移管前後で神奈川県の組織はどのように変化したのだろうか。「集会条例」改正以来、「集会及政社法」でも政社の地方支部は認められていなかったため、政党支部での判断はできないが、神奈川県内の若手自由党員により組織された神奈川県青年会は、三多摩移管後に一度解体し、都筑・橘樹・久良岐の三郡と横浜市の武州側を除いた相州のみで相陽青年会として再編された後、改めて三多摩を含まない新たな神奈川県域を範囲とした神奈川県青年会が再々編された。三多摩を含んだ時期に発行していた機関誌『進歩』も移管を機に廃刊し、新たに『新潮』を刊行している。

一方、三多摩の神奈川県復帰を求める運動も続いていく。また、在京青年を中心に組織されていた神奈川県学友会は、三多摩移管後に武相学友会と改称し、そのまま「三多摩」を含めた旧神奈川県域の青年たちの結社として活動を続けている。また、一八九三年（明治二六）四月一四日に「集会及政社法」改正により地方支部が認められると、府県の境界をまたいで旧神奈川県域を領域とする「自由党武相支部」が組織された。[35]このように旧神奈川県という地域認識は県域の変更により直ちに変化したわけではなく、政治運動としては三多摩の神奈川県復帰を要求するという方針もあったため旧神奈川県域がその後も意識されていった。

おわりに

本論は、「三多摩」「相州」「横浜・川崎」と分けた地域イメージで研究されてきた神奈川県の民権研究を、多摩地域の運動を軸に据えながら、当時の地域イメージがどのようなものだったのかを確認し、同地域の民権運動を再構成することを目的とした。それは、「三多摩自由民権運動」という概念自体に再考を迫るものでもある。

神奈川県の民権運動は、まず県会という場が生まれたことにより、本格的に始まる。小規模な結社の活動が各地で展開する一方で、広域な連携をめざした懇親会が開かれ、それを基に郡単位の広域結社が組織された。郡が行政単位として制度化されたのは一八七九年（明治一二）の「郡区町村編制法」であり、「三多摩」の場合それ自体が新たに形成され始めた地域の単位だった。その郡が民権運動の広域連携の基本単位として意識され、時折県議のネットワーク等を利用しつつ郡間の交流がなされた。自由党が結成されると、その郡単位の連携を基本にしつつ、より広域な地方支部組織化がめざされたが、「集会条例」改正で地方支部が禁止されたために連携する地域認識は曖昧なものとなった。しかし、自由党の寄附金徴収という目標ができたことで、改めて郡を単位とした活動が意識される。しかし自由党が解党すると、郡を単位に地域連携の再編自体の意味も希薄にならざるを得なかった。その時、運動継続のために想定された地域はすでに郡を基本にしつつも、県だった。そしてその県という単位が大同団結期にいたるまで続く。

民権運動のめざした憲法の発布とともに公布された「衆議院議員選挙法」により選挙区が定められた「三多摩」は、この段階になり初めて強く意識された新たな地域認識ともいえよう。さらに、一八九三年（明治二六）に三多摩移管問題が浮上したことで、「三多摩」は特別な領域として意識されたといえよう。その後、旧神奈川県全域を対象にしていた組織は、対応を迫られる。新たな神奈川県域による再編をめざした組織、旧神奈川県域を領域としたまま府・県域を越えた連携を続けた組織もあるが、後者の場合には「神奈川」から「武相」への名称変更が行われており、どちらにしても「三多摩」をどう扱うべきかが検討されたといえよう。

つまり、従来神奈川県の民権運動は「三多摩」「相州」「横浜・川崎」の三地域に分けて研究が進められ、アプリオリに「三多摩自由民権運動」の歴史も描きあげられてきた。しかし、「三多摩」が一地域であるという認識は、「衆議院議員選挙法」の公布まで希薄で、三多摩移管問題が「三多摩」を意識させる大きなきっかけとなったといえよう。そして、ここまで見てきたように、民権運動の運動領域として意識されたのは、町村（もしくは数村）・郡・県という単位であり、それも運動の事情により度々変更を迫られてきた。特に常にどのような事情下でも強く意識されていたのは、「郡区町村編制法」により行政単位となった郡という行政単位だった。一八八〇年（明治一三）ころに連携の目標となる広域な範囲として設定された郡は、一八八〇年代末からは県全体の連携を下支えする小単位として認識されるように、その位置づけこそ変化するが、どの時期においても重要な意味を持っていたといえよう。

（1） 三多摩では、色川大吉『明治精神史』（黄河書房、一九六四年、六八年に増補）、同『新編 明治精神史』（中央公論社、一九七三年）、同『自由民権の地下水』（岩波書店、一九九〇年）、同責任編集『三多摩自由民権史料集』（大和書房、一九七九年）、渡辺奨『村落の明治維新研究―豪農民権の源流と文明開化―』（三一書房、一九八四年）、同『石阪昌孝とその時代―豪農民権家の栄光と悲惨の生涯―』（町田ジャーナル社、一九九七年）、梅田定宏『三多摩民権運動の舞台裏―立憲政治成立期の地方政界―』（同文舘、一九九三年）、三鷹市教育委員会『多摩の民権と吉野泰三』（二〇〇九年）などの成果がある。横浜・川崎地域では、小林孝雄『神奈川の夜明け』（川崎歴史研究会、一九七八年、一九九四年に多摩川新聞社より再刊）、京浜歴史科学研究会編『近代京浜社会の形成』（岩田書院、二〇〇四年）がある。相州では、大畑哲『神奈川の自由民権運動』（新かながわ社、一九八一年）、同『神奈川の自由民権』（勁草書房、一九八四年）、同『相州自由民権運動の展開』（有隣堂、二〇〇二年）、同他編『山口左七郎と湘南社―相州自由民権運動資料集―』（まほろば書房、一九九八年）などがある。

（2）自由民権百年全国集会実行委員会編『自由民権運動研究文献目録』三省堂、一九八四年。ちなみに、旧神奈川県域の民権百年運動は、武相民権運動百年記念実行委員会が組織されたが、実態は多摩近代史研究会が主導していたため、大畑氏を中心とした相州の自由民権百年運動は別に県央地区民権運動百年記念実行委員会を組織している。さらに自由民権百年全国集会を地元で担うために自由民権百年神奈川実行委員会が組織され、全国集会後には京浜歴史科学研究会と改称して活動を始める。その結果、「武相」を掲げていたにもかかわらず、結果的には「三多摩」「相州」「横浜・川崎地域」に分かれての活動はより色濃くなってしまった、ともいえる。

（3）前掲『新編　明治精神史』、前掲『三多摩自由民権史料集』、色川大吉・江井秀雄・新井勝紘『民衆憲法の創造』評論社、一九七〇年（同書は色川大吉編著『五日市憲法草案とその起草者たち』日本経済評論社、二〇一六年とし再刊）など参照。

（4）「三多摩」の自由民権研究を牽引してきた色川・新井らは、西・南多摩郡と比較し、北多摩郡の自由民権運動の解明に消極的だった。梅田は北多摩郡自由民権運動の領袖吉野泰三の史料により、北多摩郡を中心に自由民権運動期から明治二〇年代の政治運動を描いているが（梅田前掲書）、北多摩の自由民権運動が低調であるという評価の点では色川らと共通している。

（5）梅田前掲書。

（6）町田市立自由民権資料館編『武相自由民権史料集』町田市教育委員会、二〇〇七年。編集委員長の鶴巻孝雄は、「『武相自由民権史料集』の刊行にあたって」で、『三多摩自由民権史料集』が「収録史料を「三多摩」に区切ったことによる弊害を是正する必要」を感じ、「歴史研究や叙述は、対象を限定しなければならない宿命を持つが、一八八〇年代に、「三多摩」が地域社会としても運動・組織領域としても、一体性や領域的性格を持っていたわけではない。むしろ現在の東京都と神奈川県の行政区域に引きずられて研究領域を限定してきた「研究史的」事情からきた設定にすぎない一八八〇年代の地域運動領域意識である神奈川県（東京都三多摩を含む旧神奈川県＝「武相」と呼ばれることが多かった）の運動史料を俯瞰することで、運動のよりトータルな把握を目指すべきと考えた」ことを刊行の動機の一つに挙げている。鶴巻は「民権研究の現状と新しい地域民権史料集構想─『武相自由民権史料集』編集のスタートにあたって─」（町田市立自由民権資料館紀要『自由民権』一一号、一九九八年）でも刊行意図を語っている。

（7）この点については、拙稿「〈多摩アイデンティティー〉を考える」（『中央評論』二四二号、二〇〇二年）で問題提起したことがある。また、石居人也「「多摩」という地域／「地域」という物語─地域を見る眼・地域を語る言葉をめぐって─」（町田市立自由民権資料館編『民権ブックス17 多摩／TAMA～住民意識と地域イメージの物語～』二〇〇四年、町田市教育委員会）、同「「越境」する資料館」（『中央評論』二四九、二〇〇四年）も本章の目的を考えるうえで、示唆的な問題提起をしている。

（8）神奈川県会開設当初の状況については、町田市立自由民権資料館編『民権ブックス27 神奈川県会と武相の民権家』（町田市教育委員会、二〇一四年）に詳しい。

（9）当時の「府県会規則」第一九条で、当選者の告示のみが定められていた。

（10）『横浜毎日新聞』第二五一七号、一八七九年（明治一二）四月二五日。

（11）この経過については、拙稿「神奈川県会事始め」、同「南多摩郡における不完全選挙事件関係史料」（ともに前掲『民権ブックス27』）参照。

（12）『横浜毎日新聞』第二四九四号、一八七九年（明治一二）三月二八日（『武相自由民権史料集』第四巻、二〇・二一頁）。

（13）石阪の演説に限らず、『横浜毎日新聞』にもあるべき県会・県議の姿が度々論じられている。

（14）拙稿「自治改進党の結成と「自由」「自治」」（町田市立自由民権資料館紀要『自由民権』二一、二〇〇八年）参照。

（15）『東京横浜毎日新聞』第二七六七号、一八八〇年（明治一三）二月二六日。

（16）学芸講談会の運営状況や同会をめぐる深沢と千葉の関係については、拙稿「自由民権期学習結社の討論会運営─五日市学芸講談会再考─」（松尾正人編『多摩の近世・近代史』中央大学出版部、二〇一二年）参照。

(17) 前掲拙稿「自治改進党の結成と「自由」「自治」」参照。
(18)『東大和市史資料編10 近代を生きた人びと』一九九九年、六三―六九頁参照。
(19)『朝野新聞』二二一三・二二一五号、一八八一年（明治一四）二月四・六日（『武相自由民権史料集』第二巻、四二二―四二四頁）。
(20)「第壱報」（一八八三年（明治一六）八月（推定）、「多摩市・伊野弘世家文書」一二五二、拙稿「自由党南多摩郡の報道書」（町田市立自由民権資料館編『民権ブックス22 武相の結社』町田市教育委員会、二〇〇九年、一〇二―一〇四頁）。
(21)「第二報」（一八八三年（明治一六）九月（推定）、「多摩市・伊野弘世家文書」一二四九―一、前掲書、一〇四・一〇五頁）。
(22)「第三報」（一八八三年（明治一六）九月、「多摩市・伊野弘世家文書」一二四九―二、前掲書、一〇五・一〇六頁）。
(23)「第四報」（一八八三年（明治一六）一〇月一六日、「多摩市・伊野弘世家文書」一二四九―三、前掲書、一〇六頁）。この講学会設立の提案は、「多磨講学会」として実現する。
(24)「第五報」（一八八三年（明治一六）一一月、「多摩市・伊野弘世家文書」一二四九―五、前掲書、一〇六・一〇七頁）。「佐々木某」とは佐々木三郎のこと。佐々木は麻布金蔵寺の生まれで、大阪事件の際に逃亡中の村野常右衛門を金蔵寺に匿った人物でもあるが、二人の関係はこの時の出会いに始まるものと思われる。
(25)「多磨講学会創立書」「講学会規則」（一八八三年（明治一六）一〇月一〇日、あきる野市図書館保管「深沢家文書」L―二六、『武相自由民権史料集』第二巻、一二六―一二七頁）。
(26) 八王子広徳館は、『自由新聞』第六九五号（一八八四年（明治一七）一〇月三一日）に「八王子八日町六丁目九拾九番地」への転居広告を出しているが、「神奈川県苦楽府部規約」（一八八三年（明治一六）一一月、あきる野市中央図書館保管「深沢家文書」L―六三、『武相自由民権史料集』第二巻、二〇七―二〇八頁）には「本府ハ仮リニ八王子八日町六丁目九拾九番地ト定ム」とある。
(27) 各郡の自由党員数は、南多摩九七名・北多摩三九名・西多摩二六名・高座一九名・橘樹三名・都筑九名・久良岐二名・三浦〇名・鎌倉三名・愛甲一三名・津久井三名・横浜区四二名、大住八名・淘綾三名・足柄上〇名・足柄下一名となる。

(28) 森久保作蔵・窪田久米の吉野泰三宛葉書(一八八八年(明治二一)六月二六日、「三鷹市・吉野泰平家文書」一五〇〇一―3―4、『武相自由民権史料集』第二巻、二四〇頁)。

(29) 二人とも大阪事件で拘留され、予審の結果免訴となり地元に戻ったばかりで、「壮士」をまとめつつ、県全域の党員への通信事務をになうという役割を期待されての抜擢だったといえよう。

(30) 『毎日新聞』第五七九七号、一八九〇年(明治二三)四月四日(『武相自由民権史料集』第二巻、四〇〇頁)。

(31) 谷戸市兵衛の鎌田訥郎宛書簡(一八九〇年(明治二三)八月六日、『武相自由民権資料集』第二巻、二七五―二七六頁)。

(32) 『都市紀要15 水道問題と三多摩編入』(東京都、一九六六年)、『神奈川県史 通史編4 近代・現代(1)政治・行政1』(一九八〇年)、安藤陽子「三多摩郡の東京府移管問題をめぐって」(『中央大学大学院 論究』第一二号、一九八〇年)、梅田前掲書、町田市立自由民権資料館編『多摩移管百年展―神奈川県から東京府へ―の記録』(三多摩東京府移管百周年記念特別展実行委員会、一九九三年)など。

(33) 府中郷土の森博物館保管「比留間正次家文書」ホ―一六、メ―三―五・六(『武相自由民権資料集』第三巻、七八―八〇、八二―八六頁)。この史料から当初は南多摩郡を含めた案も考えられていたことがわかるが、移管を求める論理には北多摩郡と西多摩郡の地理上、経済上などの事情が優先されている。

(34) 小平市中央図書館編『多摩東京移管前史資料展資料集「多摩はなぜ東京なのか」』(小平市TAMAらいふ21推進実行委員会・小平市、一九九三年)の一八二―一八八頁に移管推進派、一八八―一九七頁に移管反対派の史料が掲載されている。

(35) 自由党武相支部は、一八九三年(明治二六)六月七日に届け出て(『自由』第五八三号、同年六月一〇日)、同年九月三日に発会式を開催している(『自由新聞』第六五七号、同年九月五日)。両新聞記事については、『武相自由民権史料集』第三巻、六二二頁。

あとがき

本書は、二〇〇八～二〇一二年度および二〇一三～二〇一七年度の二期一〇年間にわたって実施した共同研究の成果である。「地域史研究の今日的課題」という研究テーマに即して、一二回の研究会を実施し、のべ三〇人が研究発表を行った。そこでは、中央大学が立地する多摩地域について検討することを一つの柱にしたが、それにとどまらず、時代や地域を問わない議論や、研究史整理、史料保存論、自治体史編さんのあり方論まで、地域史研究に関わる実に様々な議論がくりひろげられた。これらの議論の成果が本書に反映していると考えられる。チームに参加していただいた方々の中には、本書に執筆を希望しながら、諸般の事情で今回は執筆に到らなかった方もいる。そのような方々も含め、貴重な研究発表を行ってくださった皆様に感謝申し上げる。

最後に、一〇年間にわたって研究チームを率いてこられた松尾正人先生が、共同研究期間が終了する今年度末で退職される。松尾先生は、すべての回について企画を立案され、発表者の交渉も一人で行われた。すべての研究会に皆勤されたのも、おそらく松尾先生だけであろう。先生のおかげで数多くの研究者がつどい、交流することができた。末筆ながら松尾先生に心より感謝の意を表したい。

二〇一七年一〇月一日

研究会チーム「地域史研究の今日的課題」

山崎　圭

執筆者紹介（執筆順）

松《まつ》　尾《お》　正《まさ》　人《ひと》　研究員　中央大学文学部教授

桜《さくら》　井《い》　昭《あき》　男《お》　客員研究員　淑徳大学アーカイブズ主任専門員

落《おち》　合《あい》　　功《こう》　客員研究員　青山学院大学経済学部教授

山《やま》　崎《ざき》　　圭《けい》　研究員　中央大学文学部教授

岩《いわ》　橋《はし》　清《きよ》　美《み》　客員研究員　人間文化研究機構国文学研究資料館特任准教授

宮《みや》　間《ま》　純《じゅん》　一《いち》　客員研究員　人間文化研究機構国文学研究資料館准教授

清《し》　水《みず》　裕《ゆう》　介《すけ》　客員研究員　首都大学東京非常勤講師

松《まつ》　崎《ざき》　　稔《みのる》　客員研究員　町田市立自由民権資料館学芸員

地域史研究の今日的課題

中央大学人文科学研究所研究叢書　66

2018年3月15日　初版第1刷発行

編　者　中央大学人文科学研究所

発行者　中　央　大　学　出　版　部

代表者　間　島　進　吾

〒192-0393　東京都八王子市東中野742-1

発行所　中　央　大　学　出　版　部

電話 042(674)2351　FAX042(674)2354

http://www2.chuo-u.ac.jp/up/

ISBN978-4-8057-5350-7　㈱千秋社

中央大学人文科学研究所研究叢書

1　五・四運動史像の再検討

A5判　五六四頁
（品切）

2　希望と幻滅の軌跡　反ファシズム文化運動

様々な軌跡を描き、歴史の壁に刻み込まれた抵抗運動の中から新たな抵抗と創造の可能性を探る。

A5判　四三四頁
三五〇〇円

3　英国十八世紀の詩人と文化

A5判　三六八頁
（品切）

4　イギリス・ルネサンスの諸相　演劇・文化・思想の展開

A5判　五一四頁
（品切）

5　民衆文化の構成と展開　遠野物語から民衆的イベントへ

全国にわたって民衆社会のイベントを分析し、その源流を辿って遠野に至る。巻末に子息が語る柳田國男像を紹介。

A5判　四三四頁
三五〇〇円

6　二〇世紀後半のヨーロッパ文学

第二次大戦直後から八〇年代に至る現代ヨーロッパ文学の個別作家と作品を論考しつつ、その全体像を探り今後の動向をも展望する。

A5判　四七八頁
三八〇〇円

中央大学人文科学研究所研究叢書

7
近代日本文学論　大正から昭和へ
時代の潮流の中でわが国の文学はいかに変容したか、詩歌論・作品論・作家論の視点から近代文学の実相に迫る。
A5判　三六〇頁
二八〇〇円

8
ケルト　伝統と民俗の想像力
古代のドイツから現代のシングにいたるまで、ケルト文化とその稟質を、文学・宗教・芸術などのさまざまな視野から説き語る。
A5判　四九六頁
四〇〇〇円

9
近代日本の形成と宗教問題〔改訂版〕
外圧の中で、国家の統一と独立を目指して西欧化をはかる近代日本と、宗教とのかかわりを、多方面から模索し、問題を提示する。
A5判　三三〇頁
三〇〇〇円

10
日中戦争　日本・中国・アメリカ
日中戦争の真実を上海事変・三光作戦・毒ガス・七三一細菌部隊・占領地経済・国民党訓政・パナイ号撃沈事件などについて検討する。
A5判　四八八頁
四二〇〇円

11
陽気な黙示録　オーストリア文化研究
世紀転換期の華麗なるウイーン文化を中心に二〇世紀末までのオーストリア文化の根底に新たな光を照射し、その特質を探る。巻末に詳細な文化史年表を付す。
A5判　五九六頁
五七〇〇円

12
批評理論とアメリカ文学　検証と読解
一九七〇年代以降の批評理論の隆盛を踏まえた方法・問題意識によって、アメリカ文学のテキストと批評理論を多彩に読み解き、かつ犀利に検証する。
A5判　二八八頁
二九〇〇円

中央大学人文科学研究所研究叢書

13 風習喜劇の変容　王政復古期からジェイン・オースティンまで

王政復古期のイギリス風習喜劇の発生から、一八世紀感傷喜劇との相克を経て、ジェイン・オースティンの小説に一つの集約を見る、もう一つのイギリス文学史。

A5判　二六八頁
二七〇〇円

14 演劇の「近代」　近代劇の成立と展開

イプセンから始まる近代劇は世界各国でどのように受容展開されていったか、イプセン、チェーホフの近代性を論じ、仏、独、英米、中国、日本の近代劇を検討する。

A5判　五三六頁
五四〇〇円

15 現代ヨーロッパ文学の動向　中心と周縁

際だって変貌しようとする二〇世紀末ヨーロッパ文学は、中心と周縁という視座を据えることで、特色が鮮明に浮かび上がってくる。

A5判　三九六頁
四〇〇〇円

16 ケルト　生と死の変容

ケルトの死生観を、アイルランド古代／中世の航海・冒険譚や修道院文化、またウェールズの『マビノーギ』などから浮かび上がらせる。

A5判　三六八頁
三七〇〇円

17 ヴィジョンと現実　十九世紀英国の詩と批評

ロマン派詩人たちによって創出された生のヴィジョンはヴィクトリア時代の文化の中で多様な変貌を遂げる、英国十九世紀文学精神の全体像に迫る試み。

A5判　六八八頁
六八〇〇円

18 英国ルネサンスの演劇と文化

演劇を中心とする英国ルネサンスの豊饒な文化を、当時の思想・宗教・政治・市民生活その他の諸相において多角的に捉えた論文集。

A5判　四六六頁
五〇〇〇円

19 ツェラーン研究の現在　詩集『息の転回』第一部注釈

二〇世紀ヨーロッパを代表する詩人の一人パウル・ツェラーンの詩の、最新の研究成果に基づいた注釈の試み、研究史、研究・書簡紹介、年譜を含む。

A5判　四四八頁　四七〇〇円

20 近代ヨーロッパ芸術思潮

価値転換の荒波にさらされた近代ヨーロッパの社会現象を文化・芸術面から読み解き、その内的構造を様々なカテゴリーへのアプローチを通して、解明する。

A5判　三四四頁　三八〇〇円

21 民国前期中国と東アジアの変動

近代国家形成への様々な模索が展開された中華民国前期（一九一二～二八）を、日・中・台・韓の専門家が、未発掘の資料を駆使し検討した国際共同研究の成果。

A5判　五九二頁　六六〇〇円

22 ウィーン　その知られざる諸相

もうひとつのオーストリア

二〇世紀全般に亙るウィーン文化に、文学、哲学、民俗音楽、映画、歴史など多彩な面から新たな光を照射し、世紀末ウィーンと全く異質の文化世界を開示する。

A5判　四二四頁　四八〇〇円

23 アジア史における法と国家

中国・朝鮮・チベット・インド・イスラム等における古代から近代に至る政治・法律・軍事などの諸制度を多角的に分析し、「国家」システムを検証解明する。

A5判　四四四頁　五一〇〇円

24 イデオロギーとアメリカン・テクスト

アメリカン・イデオロギーないしその方法を剔抉、検証、批判することによって、多様なアメリカン・テクストに新しい読みを与える試み。

A5判　三二〇頁　三七〇〇円

25 ケルト復興

一九世紀後半から二〇世紀前半にかけての「ケルト復興」に社会史的観点と文学史的観点の双方からメスを入れ、複雑多様な実相と歴史的な意味を考察する。

A5判　五七六頁
六六〇〇円

26 近代劇の変貌　「モダン」から「ポストモダン」へ

ポストモダンの演劇とは？　その関心と表現法は？　英米、ドイツ、ロシア、中国の近代劇の成立を論じた論者たちが、再度、近代劇以降の演劇状況を鋭く論じる。

A5判　四二四頁
四七〇〇円

27 喪失と覚醒　19世紀後半から20世紀への英文学

伝統的価値の喪失を真摯に受けとめ、新たな価値の創造に目覚めた、文学活動の軌跡を探る。

A5判　四八〇頁
五三〇〇円

28 民族問題とアイデンティティ

冷戦の終結、ソ連社会主義体制の解体後に、再び歴史の表舞台に登場した民族の問題を、歴史・理論・現象等さまざまな側面から考察する。

A5判　三四八頁
四二〇〇円

29 ツァロートの道　ユダヤ歴史・文化研究

一八世紀ユダヤ解放令以降、ユダヤ人社会は西欧への同化と伝統の保持の間で動揺する。その葛藤の諸相を思想や歴史、文学や芸術の中に追求する。

A5判　四九六頁
五七〇〇円

30 埋もれた風景たちの発見　ヴィクトリア朝の文芸と文化

ヴィクトリア朝の時代に大きな役割と影響力をもちながら、その後顧みられることの少なくなった文学作品と芸術思潮を掘り起こし、新たな照明を当てる。

A5判　六五六頁
七三〇〇円

31 近代作家論

鷗外・茂吉・『荒地』等、近代日本文学を代表する作家や詩人、文学集団といった多彩な対象を懇到に検証、その実相に迫る。

A5判 四三二頁 四七〇〇円

32 ハプスブルク帝国のビーダーマイヤー

ハプスブルク神話の核であるビーダーマイヤー文化を多方面からあぶり出し、そこに生きたウィーン市民の日常生活を通して、彼らのしたたかな生き様に迫る。

A5判 四四八頁 五〇〇〇円

33 芸術のイノヴェーション モード、アイロニー、パロディ

技術革新が芸術におよぼす影響を、産業革命時代から現代まで、文学、絵画、音楽など、さまざまな角度から研究・追求している。

A5判 五二八頁 五八〇〇円

34 剣と愛と 中世ロマニアの文学

一二世紀、南仏に叙情詩、十字軍から叙事詩、ケルトの森からロマンスが誕生。ヨーロッパ文学の揺籃期をロマニアという視点から再構築する。

A5判 二八八頁 三一〇〇円

35 民国後期中国国民党政権の研究

中華民国後期（一九二八～四九）に中国を統治した国民党政権の支配構造、統治理念、国民統合、地域社会の対応、対外関係・辺疆問題を実証的に解明する。

A5判 六四〇頁 七〇〇〇円

36 現代中国文化の軌跡

文学や語学といった単一の領域にとどまらず、時間的にも領域的にも相互に隣接する複数の視点から、変貌著しい現代中国文化の混沌とした諸相を捉える。

A5判 三四四頁 三八〇〇円

37 アジア史における社会と国家

国家とは何か？　社会とは何か？　人間の活動を「国家」と「社会」という形で表現させてゆく史的システムの構造を、アジアを対象に分析する。

A5判　三五二頁　三八〇〇円

38 ケルト　口承文化の水脈

アイルランド、ウェールズ、ブルターニュの中世に源流を持つケルト口承文化——その持続的にして豊穣な水脈を追う共同研究の成果。

A5判　五二八頁　五八〇〇円

39 ツェラーンを読むということ

詩集『誰でもない者の薔薇』研究と注釈

現代ヨーロッパの代表的詩人の代表的詩集全篇に注釈を施し、詩集全体を論じた日本で最初の試み。

A5判　五六八頁　六〇〇〇円

40 続　剣と愛と　中世ロマニアの文学

聖杯、アーサー王、武勲詩、中世ヨーロッパ文学を、ロマニアという共通の文学空間に解放する。

A5判　四八八頁　五三〇〇円

41 モダニズム時代再考

ジョイス、ウルフなどにより、一九二〇年代に頂点に達した英国モダニズムとその周辺を再検討する。

A5判　二八〇頁　三〇〇〇円

42 アルス・イノヴァティーヴァ

レッシングからミュージック・ヴィデオまで

科学技術や社会体制の変化がどのようなイノヴェーションを芸術に発生させてきたのかを近代以降の芸術の歴史において検証、近現代の芸術状況を再考する試み。

A5判　二五六頁　二八〇〇円

43 メルヴィル後期を読む

複雑・難解であることが知られる後期メルヴィルに新旧二世代の論者六人が取り組んだもので、得がたいユニークな論集となっている。

A5判 二四八頁
二七〇〇円

44 カトリックと文化 出会い・受容・変容

インカルチュレーションの諸相を、多様なジャンル、文化圏から通時的に剔抉、学際的協力により可能となった変奏曲（カトリシズム（普遍性））の総合的研究。

A5判 五二〇頁
五七〇〇円

45 「語り」の諸相 演劇・小説・文化とナラティヴ

「語り」「ナラティヴ」をキイワードに演劇、小説、祭儀、教育の専門家が取り組んだ先駆的な研究成果を集大成した力作。

A5判 二五六頁
二八〇〇円

46 档案の世界

近年新出の貴重史料を綿密に読み解き、埋もれた歴史を掘り起こし、新たな地平の可能性を予示する最新の成果を収載した論集。

A5判 二七二頁
二九〇〇円

47 伝統と変革 一七世紀英国の詩泉をさぐる

一七世紀英国詩人の注目すべき作品を詳細に分析し、詩人がいかに伝統を継承しつつ独自の世界観を提示しているかを解明する。

A5判 六八〇頁
七五〇〇円

48 中華民国の模索と苦境 1928～1949

二〇世紀前半の中国において試みられた憲政の確立は、戦争、外交、革命といった困難な内外環境によって挫折を余儀なくされた。

A5判 四二〇頁
四六〇〇円

49

現代中国文化の光芒

文字学、文法学、方言学、詩、小説、茶文化、俗信、演劇、音楽、写真などを切り口に現代中国の文化状況を分析した論考を多数収録する。

A5判　三八八頁
四三〇〇円

50

アフロ・ユーラシア大陸の都市と宗教

アフロ・ユーラシア大陸の都市と宗教の歴史が明らかにする、地域の固有性と世界の普遍性。都市と宗教の時代の新しい歴史学の試み。

A5判　二九八頁
三三〇〇円

51

映像表現の地平

無声映画から最新の公開作まで様々な作品を分析しながら、未知の快楽に溢れる映像表現の果てしない地平へ人々を誘う気鋭の映像論集。

A5判　三三六頁
三六〇〇円

52

情報の歴史学

「個人情報」「情報漏洩」等々、情報に関わる用語がマスメディアをにぎわす今、情報のもつ意義を前近代の歴史から学ぶ。

A5判　三四八頁
三八〇〇円

53

フランス十七世紀の劇作家たち

フランス十七世紀の三大作家コルネイユ、モリエール、ラシーヌの陰に隠れて忘れられた劇作家たちの生涯と作品について論じる。

A5判　四七二頁
五二〇〇円

54

文法記述の諸相

中央大学人文科学研究所「文法記述の諸相」研究チーム十一名による、日本語・中国語・英語を対象に考察した言語研究論集。

A5判　三六八頁
四〇〇〇円

55
英雄詩とは何か
古来、いかなる文明であれ、例外なくその揺籃期に、英雄詩という文学形式を擁す。『ギルガメシュ叙事詩』から『ベーオウルフ』まで。
A5判　二六四頁
二九〇〇円

56
第二次世界大戦後のイギリス小説
ベケットからウインターソンまで
一二人の傑出した小説家たちを俎上に載せ、第二次世界大戦後のイギリスの小説の豊穣な多様性を解き明かす論文集。
A5判　三八〇頁
四二〇〇円

57
愛の技法　クィア・リーディングとは何か
批評とは、生き延びるために切実に必要な「技法」であったのだ。時代と社会が強制する性愛の規範を切り崩す、知的刺激に満ちた論集。
A5判　二三六頁
二六〇〇円

58
アップデートされる芸術　映画・オペラ・文学
映画やオペラ、「百科事典」やギター音楽、さまざまな形態の芸術作品を「いま」の批評的視点からアップデートする論考集。
A5判　二五二頁
二八〇〇円

59
アフロ・ユーラシア大陸の都市と国家
アフロ・ユーラシア大陸の歴史を、都市と国家の関連を軸に解明する最新の成果。各地域の多様な歴史が世界史の構造をつくりだす。
A5判　五八八頁
六五〇〇円

60
混沌と秩序　フランス十七世紀演劇の諸相
フランス十七世紀演劇は「古典主義演劇」と呼ばれることが多いが、こうした範疇では捉えきれない演劇史上の諸問題を採り上げている。
A5判　四三八頁
四九〇〇円

中央大学人文科学研究所研究叢書

61 島と港の歴史学

「島国日本」における島と港のもつ多様な歴史的意義、とくに物流の拠点、情報の発信・受信の場に注目し、共同研究を進めた成果。

A5判　二四四頁　二七〇〇円

62 アーサー王物語研究

中世ウェールズの『マビノギオン』からトールキンの未完物語『アーサーの顚落』まで、「アーサー王物語」の誕生と展開に迫った論文集。

A5判　四二四頁　四六〇〇円

63 文法記述の諸相II

中央大学人文科学研究所「文法記述の諸相」研究チーム十名による、九本を収めた言語研究論集。本叢書54の続編を成す。

A5判　三三二頁　三六〇〇円

64 続 英雄詩とは何か

古代メソポタミアの『ギルガメシュ叙事詩』からホメロス、古英詩『モールドンの戦い』、中世独仏文学まで英雄詩の諸相に迫った論文集。

A5判　二九六頁　三二〇〇円

65 アメリカ文化研究の現代的諸相

転形期にある現在世界において、いまだ圧倒的な存在感を示すアメリカ合衆国。その多面性を文化・言語・文学の視点から解明する。

A5判　三一六頁　三四〇〇円

定価は本体価格です。別途消費税がかかります。